文學叢刊

胡全木著

近仁隨筆

文史哲出版社印行

國家圖書館出版品預行編目資料

近仁隨筆 / 胡全木著. -- 初版. -- 臺北市：文史哲, 民 90
面： 公分. -- （文學叢刊；127）
ISBN 957-549-376-1(平裝)

855　　　　90011873

文學叢刊 ⑫⑦

近仁隨筆

著　者：胡　全　木
出版者：文　史　哲　出　版　社
登記證字號：行政院新聞局版臺業字五三三七號
發行人：彭　正　雄
發行所：文　史　哲　出　版　社
印刷者：文　史　哲　出　版　社
臺北市羅斯福路一段七十二巷四號
郵政劃撥帳號：一六一八〇一七五
電話 886-2-23511028・傳真 886-2-23965656

實價新臺幣二四〇元

中華民國九十年七月初版

ISBN 957-549-376-1

自序

為解閑餘，性喜塗鴉，寫點小文，於報刊發表，數十年來，累積不少篇，有論述、雜文、譯著及小品等。內容涉獵郵政業務、集郵、運動、旅遊、憶舊等。鑑於已耄耋之年，去日已多，特刊印本書，稍資紀念。再者，歲月易逝，先室謝罔市女士（別號夢芷）謝世，瞬逾兩載，為示哀思，本書結尾附錄各長官友好追思先室之文，謹表衷誠謝忱。

近仁隨筆　目錄

中華郵政事業之有效經營及獲致盈利的探討

在我國銷路廣大的中國時報，於本年五月十五日刊出一篇社論，其題目是「何以大夥兒都要擠郵電窄門」。二天以後，英文中國日報也登一篇以「Demand for Jobs(工作的需求）」爲標題的社論，按該報社論向爲國際間所重視與研究的對象。兩篇社論均論及到郵電事業的人事制度，同時指出本年八月間舉辦的郵政、電信特考，錄取名額僅四千人，而報名應考者達二十萬人之多。

該兩篇社論，均提出一個問題，即爲什麼有這麼多人要參加郵電特考，經濟不景氣是如此的嚴重嗎？他們也都認爲事實並不盡然，主要原因郵電是種良好的職業，薪給及工作環境都不錯，又有循序上進的機會，所以能吸引這麼多人參加考試。

筆者願借此機會來介紹郵政人事制度，事實上，郵政人事制度僅是中華郵政傳統管理制度之一，其他尚有視察制度、會計制度及研究發展制度。唯有同時實施該四項傳統管理制度，才能使中華郵政事業經營成功，單靠人事制度則不爲功。

讓我們首先談一談，中華郵政事業由於實施該四項管理制度而獲致的若干重要成就，然後對該四項制度予以逐一研討。

中華郵政是國營公用事業，對國家而言，已贏得良好的聲譽。基於公用事業的本質，郵政在低廉費率下為公衆提供有效的服務。

郵政機構及信筒信箱之設置，至爲普遍，雖窮鄉僻壤，亦有郵政機構。截至七十一年六月底止，共有郵政機構一一、九四七處，其中二、五〇五處爲主要機構，其餘爲郵票代售處，平均每三平方公里即有郵政機構，每一機構爲一、五二九人服務。

各地郵局每日投遞郵件兩次，收攬信筒信箱郵件五次，雖週末假期亦不例外。郵局窗口每週營業七天，僅若干小郵局於星期例假日營業半天。七十一年全年收寄函件十億六千萬件，平均每人每年交寄函件六十件，國民通信率在亞洲僅次於日本。去年一年收寄包裹爲八百八十萬件。

全國辦理郵政儲金業務機構已逾一千處，計有儲戶一千二百萬餘戶，平均三分之二以上人口均在郵局開戶存款。儲金結存額已超過新台幣二千七百億元，等於美金六十七億五千萬元，可說是全國最大銀行。頗使公衆驚奇的，雖然各地郵局每日經手儲匯款項數額龐大，但事實上甚少發生侵佔公款等不正常情事。

郵政總局與全世界各國大多數集郵刊物、報章集郵專欄及主要集郵社團密切聯繫，新郵消息經常在各國集郵報刊上刊載，使國際人士從郵票上圖案來瞭解我國悠久歷史文化及在台灣各方面進步情形。數套以各主要國家文字說明的「從郵票看中華民國」郵票展品，經常在自由世界各國展出，因此由郵票來增進與各國人民間的友誼。

中華郵政爲一國營事業，以企業化來作適當的經營管理，在此方面亦有相當的成就，值得一提。過去四年間，我國郵政每年平均繳解國庫盈餘達新台幣廿七億元(等於美金六千七百五十萬元)，而世界上大多數的國家郵政是虧損的。去年交通部所屬國營事業中，郵政總局之考成獲得甲等，行政院並頒發郵政總局推行工作簡化績優獎狀。

過去四年，各項業務量之平均成長率爲百分之八十七，而員額的增加則僅百分之二十，只及業務量增加的三分之一。業務之所以還能維持正常，乃由於加強實施科學管理，節減人手所致。

很顯然的，中華郵政事業如不推行四項傳統管理制度，於營運上將無效率之可言。應予指出者，郵政之上級機構莫不支持該四項傳統管理制度，而國家經濟的繁榮，也予郵政事業一個有利的環境。

光緒四年(西元一八七八年)，海關總稅務司赫德爵士(Sir Robert Hart, 1835-1911)奉准海關同時試辦郵政業務，中國第一套大龍郵票於是年發行。光緒二十三年一月十九日(西元一八九七年二月二十日)國家郵政設立，赫德同時兼任總郵政司，直至光緒三十三年(一九〇七年)，因病告假回英國爲止。宣統三年(一九一一年)五月二十八日，郵傳部接管郵政業務，並將總郵政司署改名爲郵政總局。清廷派郵傳部左侍郎李經方兼任郵政總局局長，帛黎(Theophile Piry)原任海關總稅務司負責郵務，此時被派任爲郵政總局總辦，郵政與海關至此而分離。

赫德不但創設中華現代郵政，且將當時在英國郵政所施行的西方企業管理制度介紹到我國來。此項管理制度嗣後不時因業務需要而予改進及擴展。該項管理制度之所有原則及詳細手續，經郵政當局以通令方式轉飭各級郵政機構遵照，後經編入郵政綱要內，以供各級郵政人員之參考與遵守。

赫德爵士被視為我國現代郵政創辦人，他所引進的各項制度，恆被忠實地遵行。例如，一九一一年，總郵政司署脫離海關，轉隸於郵傳部，繼續施行各項郵政管理制度，在移交書上特別強調下列各點：（係照錄原文者）

一、任命現任郵政總辦(Postal Secretary)帛黎(Theophile Piry)為總郵政司，後改為郵政總局總辦(Postmaster General)，在郵傳部監督之下負責郵政事務。

二、交替後所有郵政事務統歸郵政總局局長管理，其經理各局暨所用各項人員，應照總稅務司看待稅務人員之法，由局長督同總辦斟酌施行。

三、在事之華洋人員，凡經總稅務司准定者，現在均仍定用，即按現行之郵政章程，所有長久留用及薪水、升階、養老等事，均照在總稅務司轄下時無異。

四、以上三條已奏明奉旨依議。

郵政人事制度是郵政傳統管理制度之重要支柱，因為所有事務均須由人員辦理。雖然經過很多年之演變與改進，目前郵政人事制度仍包含：㈠職級，㈡錄用，㈢派任，㈣工作衡量，㈤獎懲，㈥養恤，㈦福利等項。

郵政人員之班次依照各種工作職位可分為：郵務差及雜差、郵務士、郵務佐、郵務員、高級郵務員、副郵務長、郵務長等七級。前五級人員之錄用須經公開考試。郵務士、郵務佐、郵務員及高級郵務員之考試則由考試院舉辦。副郵務長（先行試署，然後實授）由成績優良，才能卓越的高級郵務員中選拔而來，經由升資甄審委員會投票決定，該項委員會由郵政總局資深處室主管組成，最後報請交通部核准。郵務長則由資深副郵務長中選拔甄審而來，其一切手續與甄審副郵務長者相同。

一進入郵局工作，即有許多晉升機會。第一、薪給依照服務年資而增加，並因資深而擔任較高職位。第二、可以參加較目前職位較高級人員考試，通常，他也可以事先準備考試課程，參加向外公開招考。第三、爲內部升等考試，純爲局內人員而舉辦，平時服務成績作爲考試成績之一部分。

所有郵政人員莫不儘力工作，終身爲郵政服務，視郵政爲第二生命。高階層郵政主管人員，包括郵政總局局長在內，多由基層逐步晉升而來，因此知所如何管理業務，臻於盡善盡美。

徐繼莊爲非郵政人員出身在大陸時最後一任郵政總局局長。郵政總局前王局長叔朋所著「從郵回憶」文中曾敘述：「徐繼莊先生自民國卅一年十二月，在重慶擔任郵政總局局長兼郵政儲金匯業局局長，一直到他三十六年一月辭職獲准，一共做了將近五年的郵政最高主管。」他於文中又說：「徐繼莊辭職後，由副局長霍錫祥代理郵政總局局長，郵政儲金匯業局局長則由副局長谷春帆代理。自民國三十六年以來，至今三十六年間，郵政總局局長及郵政儲金匯業局局長均由高級郵政專業人員擔任。很顯然的，這是郵政事業之所以有效率及能獲致盈利的一個因素。」

郵政人事制度已逐漸被引進到其他政府機構裏去，有二個事例可以引述。民國三十五年至三十六年間，俞大維博士擔任交通部部長，當時電信人員的管理制度及薪給制度與郵政人員並不相同。由於俞部長之核准，郵電人員之管理及薪給制度趨於一致。這足以說明今日郵電事業之所以能同時獲致進步發展之原因所在，俞部長樹立了堅固的基礎。

民國四十六年七月廿四日，交通事業人員任用條例公布，依照該條例第五條規定，考試院與行政院於四十九年十二月十五日會同公布「特種考試交通事業人員考試規則」，交通事業人員包括鐵路、公路、郵政、電信、民航、氣象、水運及打撈等，郵政人事制度已爲所有交通事業所引用實施。

郵政當局曾出版了不少有關郵政人事制度的研究報告與書籍，最近出版的一本，爲郵政總局副局長潘安生先生所著「郵政人事制度論叢」，於七十二年三月間問世，以供有志研究郵政人事制度者之參考。

我國現代郵政會計制度，淵源於海關，爲時甚早。海關與郵政均於早期採取西方現代會計制度少數政府機構之一。中華郵政之能有效率及能獲取盈利，部分應歸功於郵政會計制度。一方面，郵政會計制度用以控制郵局之金錢與財產，另方面，是衡量及導引各級郵政機構的管理工具。於設計郵政會計制度時，必須考慮兩項因素，即爲數龐大而普遍的郵政機構，以及郵政所辦理的衆多業務項目。

現代中華郵政的會計制度，爲配合業務需要，不斷研究改進與充實加強。兩項重大的改進值得一提，第一，係於民國十三年，當時郵政總局總辦鐵士蘭（H. Picard-Destelan）將郵政單式簿記採用改爲複式簿記，並將歷年來公布財務管理及會計有關之通令通諭整理彙編爲郵政綱要第三部（帳務）

(Compendium of Postal Instructions Part III, Accounts)，此一文獻在郵政財務管理上佔據極為重要地位，為此後郵政財務管理奠立深厚之基礎。郵政總局遷台以後，有關財務上之大部分措施，基本上仍沿用郵政綱要中之規定。

另一在郵政會計制度上重要的改進，係於民國五十九年，在當時郵政總局王局長叔朋督導之下完成。然而執行是項改進之實際工作者，則為當時郵政總局會計處處長今郵政儲金匯業局汪副局長承運。民國五十九年及六十年，台北郵局所轄支局，連續兩次發生財務上之弊案，報章競相刊載，輿論指責，民意代表紛紛提出質詢，認為郵政缺乏適當之管理。郵政原有施行已經數十年之會計及財務管理制度，是否仍能適應當前業務之需要，信心發生動搖，乃有從頭檢討修正之必要。

經過審慎之研究，於民國六十一年編訂郵政財務手冊，以替代郵政會計制度及歷年所頒發之有關通令。這本新的手冊不僅詳細規定各項手續，以防止弊端，同時樹立鼓勵員工推展業務的各項措施。目前這本新的手冊已實施十年以上，其成效至為顯著，在過去十年間，尚無發生任何弊案，而郵政業務則有長足增進。

這本手冊共計包括十八種，分別印成獨立手冊，各篇名稱如次：

㈠郵政會計科目。㈡郵政會計報告。㈢郵政會計憑證。㈣郵政會計簿籍。㈤現金管理。㈥郵政票券管理。㈦總分會計處理。㈧費用聲請報銷程序。㈨郵政財物登記管理。㈩內部審核。(十一)郵政物料會計處理。(十二)會計事務處理。(十三)委辦機構票款帳務處理。(十四)郵政營業收入稽核。(十五)郵件統計方法。(十六)郵政員工差旅費審核須知。㈦國際聯郵會計事務處理程序。㈧提存本國郵票及受贈外國郵票登記管理。

除了上述郵政財務手冊，提供郵政人員於處理各種會計財務事務時作爲指針外，並採取若干步驟以加強管理制度促進郵政業務之發展，此項步驟包括：㈠所有會計及財務報表均予仔細審核。㈡保障公款安全之特別措施。㈢不斷灌輸所有郵政人員現代企業管理原則。㈣責任預算之評估與考核。㈤各項業務工作成本之確定。

筆者認爲尚沒有任何政府機構比郵政更重視視察制度，這可能由於郵政傳統管理制度導源甚早，有其歷史淵源。個人淺見以爲郵政視察制度，是使郵政事業獲得有效率及盈利的重大因素之一。

郵政視察制度可以從兩個角度上來討論，第一是郵局內部的監察，第二是由資深人員查視所屬局所。關於一郵局內部的監察，由一位資深人員來管理一個郵件部門，例如負責掛號、封發、投遞等部門稱之爲監理員（Supervisor），雖然目前該項職位之稱謂已改爲組長或科長，但其監督工作仍屬相同。有些事例可以引證敘述，以供讀者了解一位監理員（目前有稱爲組長或科長），如何來執行其工作。

第一、一所重要郵局的封發組，將出口郵件分揀到各寄達局的分信格內，也接收從其他郵局發來的進口郵件袋，予以開拆處理，分別投遞及轉發其他郵局。封發組的監理員雖必須經常檢查分信格內的出口郵件，有無誤揀，當進口郵件袋開拆時，亦須檢查其中郵件有無誤封。如發現分信格內有誤揀郵件，則負責分揀者照章應予懲處。在進口郵件袋內如經發現有誤封郵件，則繕發驗證寄原封發郵局，相關負責誤封人員將予以懲處。

第二、掛號組處理掛號郵件，該組監理員負責查核所收掛號郵件是否妥善處理。除查核誤寄、誤揀郵件外，於每日終尚應審核進出口掛件之數是否平衡。

第三、在投遞組有一監理員及數位郵務稽查。郵務稽查通常負責分揀進口投遞郵件到指定投遞路線分信格內。被指定投遞某一區段之郵務士從相關分信格內取出他經投路線之郵件，依照路線順序予以排信後投遞。郵務稽查於分揀進口郵件時，秘密記錄某幾件郵件之收件人姓名地址，於郵務士出班投遞後，訪問該幾件收件人，有未收到郵件，以考核郵件是否正常投遞。郵務稽查之另一項工作，爲考核郵務士收攬信筒信箱郵件工作。通常，有兩種考核方式。郵務稽查可以將鈔票或其他有價之件投入信筒信箱內，以考核郵務士於收攬時有未收回該項試信或金錢。其次，在每一信筒信箱內放置收攬紀錄牌，郵務士每次出班收攬時要在空白收攬紀錄牌上登記，郵務稽查偶亦開箱，以考核郵務士有未在該項紀錄牌上登記收攬記錄。

總之，所有各項郵務工作，均有嚴密的監督考核。

各郵局之查視工作，由資深人員負責辦理。郵務的管理機構分三級，即郵政總局、郵政儲金匯業局及各區郵政管理局。郵政總局指派視察及副視察，以查視郵區管理局及各重要郵局。郵政儲金匯業局指派稽核及副稽核，查視郵區管理局及重要郵局之儲匯帳務工作。郵政管理局亦指派視察人員去查視其轄區內之郵局。

關於視察局所的各項手續，均經詳細規定，並爲所有視察人員所嚴格遵守。七十年前遜清郵政所頒布的「巡查供事規則（General Instructions for Inspecting Clerks）」即今日之「郵政視察規則」，對視察人員查局的方法和原則，有不少地方到今天仍屬適用。例如查局首重嚴密，茲摘述該規則其中一段如下：

「遵奉郵務總辦（註：即今日之郵政總局局長）派委前往某處調查局務，必須秘密其行，愼勿宣露。諭令所定之事，應知局員中或有爲他處局員關切通信者，以致此行之結果，勢必失敗，且於巡查供事未到之時，該局員已有防備，則巡查之員，只能稟報該某局諸事齊整，局員妥善，郵務日有進步，帳目款項，郵票檔案，均有秩序，豈期數星期後，該局員更調，交代時所存款項不符，已爲管局供事挪置私業，直至此時，其弊始露，如是則巡查之價值，頓歸烏有，非惟於事無補，抑亦暗爲受查人所訕笑。總之，於查局時一切動作及欲調查某局事項之次序，必以愼秘爲第一要義。」

應予指出者，即弊案之查覺已六個月，或在查局以後發現者，相關視察人員應該負責並予以適當之懲處。

中華郵政事業雖已有八十多年之歷史，不僅沒有老化，且能經常保持活力，推陳出新，其所以致此者，在於注重研究發展工作，故事業能日新又新。在台灣數十年來所推行之研究發展工作，其重要值得一述者，約有下列數項：

一、中華郵政在台灣是世界上首創包裹封裝服務的郵政。此項便民措施目前已爲甚多國家郵政所學習仿行。

二、開辦限時專送郵件業務。是項郵件於到達投遞局後若干時以前投送收件人。

三、開辦國際快捷郵件業務。目前已與美國、英國、法國、荷蘭、比利時、南非、韓國、澳大利亞、瑞士、日本、新加坡、香港、科威特、澳門、馬來西亞、西德等郵政互換快捷郵件業務，對我國對外貿易之促進與推展，頗多裨助。

四、辦理晚間投遞普通掛號函件業務。爲配合工業社會，甚多家庭夫婦均外出工作，日間無人在家，爲加強便民服務，已自七十一年六月一日起全面辦理晚間投遞普通掛號函件服務。

五、儲匯作業自動化。中華郵政已使用電腦來處理儲匯帳務，各地郵局窗口普遍設置電子儲金登帳機及點鈔機，台北地區各郵局實施儲金連線作業，以加強儲金帳務處理，縮短窗口作業流程，節省公衆等候時間。又在台北市各重要連線郵局設置存簿儲金自動提款機，以便利公衆提款。

原載七十二年八月「今日郵政」第三〇八期

郵政儲匯業務發展歷程

——對中華郵政財務扮演角色及未來展望

郵政儲金匯業局所主管之業務主要有三，即郵政儲金、郵政匯兌與簡易人壽保險。上述三項業務中，歷史最久者，爲匯兌業務，創辦於前清光緒二十四年（公元一八九八年）一月一日，迄今已有八十九年歷史。國際郵政匯兌創始於民國七年一月一日，而小款匯兌遲至民國十九年十月始行開辦。民國二十四年十二月五日開辦高額匯票，二十八年一月開辦定額匯票。臺灣光復後於民國四十五年三月一日創辦送現匯票，將匯款送達到家。四十九年五月試辦撕裁示數式匯票，以簡化開發手續。

郵政儲金爲郵政儲金匯業局最重要業務，而其開辦則較匯兌爲晚，於民國八年始行創辦郵政儲金，最初只有存簿儲金一種，十九年起增辦定期儲金和支票儲金，臺灣光復後又增加劃撥儲金。五十二年停辦支票儲金後，現有存簿、定期和劃撥儲金三種。存簿儲金中之兒童儲金創始於二十五年十月十日，五十九年在臺灣爲加強推動國民儲蓄方案，開辦學校師生儲金業務。

簡易人壽保險依簡易人壽保險法之規定由郵政專營，於民國二十四年十二月一日開辦，迄今亦已逾五十年。簡易壽險之特點爲保額低，又可免驗身體，適合平民大衆利用，在臺灣地區極爲發達，保險契約件數在臺灣各人壽保險公司中佔第二位。

上述三種業務均係依法辦理，即郵政儲金法（民國二十年公布）、郵政國內匯兌法（民國二十年六月二十九日公布）及簡易人壽保險法（民國二十四年十一月一日公布）。該三種法律自公布施行至今，均已歷時五十餘年，其間社會經濟變遷甚多，爲適應時代環境及業務發展需要，亟宜加以修正，郵政儲金匯業局對上述三法之修正，曾成立專案小組，予以審愼研究，將提出修正辦法，提供層峰採擇。

郵政儲匯業務，原由郵政總局經理，後採擇郵政司司長兼郵政總辦（即後之郵政總局局長）劉書蕃氏之建議，於民國十九年三月十五日在上海成立郵政儲金匯業總局，與郵政總局並立，均直隸交通部，並於民國二十年公布郵、儲兩總局組織法。由於郵儲分立，迭起糾紛，國民政府乃於民國二十四年三月一日將該兩總局之組織法分別修訂爲郵政總局組織法及郵政儲金匯業局組織法，裁撤郵政儲匯總局，改稱爲郵政儲金匯業局，由郵政總局管轄，其局長並依郵政總局組織法之規定，由郵政總局副局長兼任，此項制度直到今日未曾改變。郵政儲金匯業局於抗戰時期爲四行兩局之一，所謂四行即中央銀行、中國銀行、交通銀行與中國農民銀行，兩局爲中央信託局與郵政儲金匯業局，成立四聯辦事總處，爲執行國策之最高金融機關，對抗戰時期社會金融之調劑，國家財政之支援，卓著貢獻。郵匯局於全國各主要都市成立儲匯分局，次要都市設置辦事處，抗戰勝利初期，即於民國三十五年間，最多曾有分局二十九處，到民國三十八年大陸淪陷前緊縮為分局十九處、辦事處三十八處。至於局內單位於民國二十四年初成立時為總務處、營業處、計核處、儲金處、匯兌處、保險處等六單位，至三十八年擴增為秘書室、人事室、總務處、會計處、經濟研究室、稽核室、儲金處、匯兌處、營業處、保險處、外匯處等十一單位。

民國三十八年，大陸沉淪，郵政儲金匯業局於三十九年初，經廣州、香港撤遷來臺，遷臺初期，一切陷於停頓狀態，惟臺灣地區各級郵局，仍依照原有規章辦理儲匯業務，對社會公衆並無影響。是年六月九日，行政院發布臺三十九經第二六八四號令頒發國營事業機構調整方案，將郵政儲金匯業局「名義保留，機構裁撤」。七月一日起停業，業務由郵政總局兼辦。當時組織員額僅存七人：局長何縱炎、副局長許季珂、主任秘書王叔朋、秘書應國慶、會計處副處長蔡其壽、課長吳浴生、總務處課長簡爾康。其中局長及主任秘書二人，分別由郵政總局局長及供應處處長兼任，因此實際上保留者僅五人。

後來臺灣經濟逐漸繁榮發展，百業振興，大陸時期各金融機構相繼在臺復業，如四行兩局中之中國銀行、交通銀行、中國農民銀行及中央信託局等均在臺正式成立機構，恢復營業。同時各級郵局辦理儲匯業務亦逐年增長，如存簿儲金戶數已由三十八年四月一日臺灣郵政管理局成立時之二〇、二一〇戶增至四十九年底之一九〇、八三六戶，結存款額由新臺幣三六、三九八元增至三六二、九二八、三一五五元，為鼓勵國民儲蓄、活潑金融，因此由郵政總局建議層峰將郵政儲金匯業局在臺復業，於四十年層奉行政院臺四十八交六四三五號令指示辦法十二項，准予在臺籌備復業，四十九年元月起開始籌備，先在新店翠園辦公，暫先設秘書室及總務、業務、會計等三處。七月一日起增設安全室，並將業務處撤銷，改設爲營業、儲金、匯兌等三處。至五十年奉部令撤銷秘書、安全兩室及總務處。五十一年六月一日在臺北市開封街一段四十三號及四十五號新建局屋正式復業，依照院令設置總務、會計、儲金、匯兌、營業等五處，但營業處後改爲簡易壽險處，六十七年原隸臺灣郵政管理局之電子資料處理中心改歸儲匯局，並設置研究室，後改爲秘書室。六十八年設置總稽核室，至人事室、人二室及劃撥處則分別於六十九年九月間設置。

郵政儲金匯業局奉准於五十一年六月一日在臺正式復業後，其經營業務與在大陸時期最大不同，厥爲不得辦理放款業務。依照行政院四十八年關於郵政儲金匯業局恢復業務十二項指示中較爲重要者如下：

一、郵政儲金匯業局（以下簡稱郵匯局）准予恢復業務，行政上隸屬交通部，業務上受財政部指揮監督，並受金融法令之約束。

二、郵匯局組織法可暫不修改，但原組織法所定得予經營之放款業務不予辦理。

三、郵匯局暨各地郵局所接受之各種儲蓄存款（儲金）得依法保留一部分付現準備金，其最高比例由郵匯局視業務需要依法核定報財政部備查，除付現準備金外，應全部轉存於中央銀行，在中央銀行未復業前應存放於臺灣銀行或其指定之其他行庫。

四、郵匯局各種期別存款轉存中央銀行（或臺灣銀行及其指定之行庫）之數額，不得超過郵匯局表報所載同時期該項存款之餘額。

五、郵匯局依據郵政儲金匯業法吸收之存款轉存中央銀行或其代理銀行准予支取轉存利息。

六、郵匯局吸收存款之轉存利率，准暫照銀行存款利率辦理一至三年期儲蓄存款之轉存息照原存息遞加放款息差額之半數，一年期以下存款之轉存息不分期限長短均照原存息加月息二厘五，存簿儲金之轉存息照原存息加二厘，照以上結息辦法，如將來年終結算，郵匯局如確不敷成本時，得由財政交通兩部洽商調整。

又行政院五十一年三月一日臺五十一交一二四七令修正會商結論有關郵政儲金之轉存之指示事項如左：

一、郵政儲金匯業局根據特定業務，及遵照院令不得辦理放款之方針，以積極發展儲匯，深入民間，吸收存款為主要目的，其收存之儲金及匯款，除留存必要之付現準備外，應全部轉存中央銀行。

二、郵政儲金給息標準，應比照銀行儲蓄存款給息標準辦理，必要時得由交通部商徵財政部及中央銀行同意後，另行規定之。

三、該局轉存中央銀行款項給息標準，以足敷抵付儲金利息暨各項開支為原則，由中央銀行商徵交通部財政部之同意訂定之，並得按實際需要，隨時洽商調整。

四、該局收存儲金款項，應按旬彙編總表，分別報告交通部及財政部。

五、交通部指示該局與郵政總局合署辦公及精簡內部組織尙屬適當，惟會計應獨立，不宜由郵政總局會計處長兼任，又文書檔案及出納事項應有自置之一單位辦理，但人員組織應力求精簡。

六、目前儲金匯兌業務，仍由臺灣郵政管理局繼續全面負責代爲辦理。

依照上述院令規定，郵匯局在臺復業後不得辦理放款業務，各地郵局所吸收之存款轉存中央銀行，以所得轉存息作爲辦理業務之人工及其他一切開支，而此項轉存息之利率經奉核定逐次調整降低如下：

一、轉存息之利率最高時，爲行政院於四十八年所頒郵匯局復業十二項指示中第十項規定：㈠一至三年期儲蓄存款之轉存息照原存息遞加存放款息差額之半數。㈡一年期以下存款之轉存息不分期限長短，均照原息加月息二厘五。㈢存簿儲金之轉存息照原存息加二厘。

二、中央銀行於五十三年三月九日與郵匯局洽定郵政儲金之轉存息照郵政儲金利率加給月息一厘（合年息一．二厘）試辦一年，至五十三年十二月底止。

三、中央銀行因對郵匯局轉存款項之利息負擔重，且五十三年及五十四年度郵匯局有盈餘，經商得郵匯局同意，自五十四年一月起，凡新存入款項之利率由加算月息一厘減爲五毫（合年息加〇．六%）。

四、自五十八年八月一日起，郵匯局新轉存中央銀行之一、二、三年期存款，改按儲蓄存款利率複利計息，並各貼補月息一毫五絲（合年息加〇．一八%）。五十八年以後至今，郵政儲金轉存利率加碼均維持○・一八%標準，未再變動。雖然中央銀行於七十四年底曾計畫將是項轉存利率加碼○・一八%取消，但未獲郵匯局之同意。

郵政儲匯業務，自郵匯局於五十一年奉准在臺復業以來，由於郵政機構普遍，雖窮鄉僻壤，亦有郵政分支機構之設置，目前臺灣地區辦理儲匯業務之郵政機構已逾一千一百處，遠非其他金融機構所可企及，而且營業時間長，星期六下午及星期例假日上午，均照常辦理存提款及匯兌，同時存提手續簡便，社會安定，民間富足，郵政儲匯業務飛躍發展，尤以郵政儲金一枝獨秀，進展最爲神速。就郵政儲金而論，在郵匯局於五十年籌備復業時當年年底儲金戶數僅二、七四七、四三三戶（其中存簿儲金二五九、四五四戶），結存金額僅新臺幣六四四、五九一、一八七元。至六十八年十二月，郵政儲金結存額首次突破新臺幣一千億元，爲當時國內重要新聞。至七十六年六月底結存額已達新臺幣七千四百三十六億元，較五十年增加一、一五四倍，儲戶戶數共達一七、○○一、五七一戶（內存簿儲金一一、四五八、七九○戶）較五十年增加六・一九倍。按臺灣人口共僅一千九百餘萬人，可見郵政儲金之普遍程度，差不多每戶人家都在郵局開戶存提款。郵政儲戶中以家庭主婦及學生各佔百分之二十五爲最多，其次爲軍公教人員與工人、農人，商人最少。

茲將郵政儲金結存額突破一千億元至七千億元之年月列表於下，可資了解郵政儲金之進展情形：

由於郵政儲匯業務之飛躍發展，郵政儲金匯業局之盈餘亦逐年增加，盈餘最多之一年爲七十二年，達新臺幣八十八億七千多萬元，在國內各金融機構，郵匯局之盈餘數額僅次於中央銀行，而佔第

郵政儲金結存額（新臺幣元）	到達年月	相隔期間
一千億元	68 年 12 月	
二千億元	71 年 06 月	6 個月
三千億元	72 年 08 月	14 個月
四千億元	74 年 01 月	17 個月
五千億元	74 年 12 月	11 個月
六千億元	75 年 07 月	7 個月
七千億元	76 年 02 月	7 個月

二位。郵匯局為郵政總局之轉投資事業，每年所獲得盈餘除提存百分之二十法定公積金外，悉數繳解郵政總局作為紅利，郵政總局收到是項紅利後，除彌補郵政業務所發生之虧損，及提存法定公積金外，如有多餘全部繳解國庫，就最近七十一年至七十五年所得統計數字顯示，五年期間郵匯局共盈餘新臺幣三百七十一億餘元，繳解郵政總局紅利共新臺幣二百九十七億餘元，郵政總局除彌補郵政業務之虧損及提存法定公積金外繳解國庫者，五年來共達新臺幣二百五十四億餘元之鉅，由上可知郵政儲匯業務對支援郵政財務及國家財政之卓越貢獻。茲將民國七十一年至七十五年郵政總局郵政盈虧、郵匯局盈餘、繳紅利、郵政併計儲匯局紅利後盈餘及繳解國庫金額列表比較於下：

郵政業務自國內平信郵資於六十二年由新臺幣一元調整為二元

郵政總局 71 年至 75 年郵政盈虧儲匯局盈餘繳紅利及繳國庫金額表

年度別	郵政 盈(＋)虧(－)	儲匯局 盈餘	儲匯局 繳紅利	郵政併計儲匯紅利後盈餘	繳庫數
71	99,396	5,566,097	4,452,878	4,552,274	4,095,453
72	－ 77,618	8,872,356	7,097,884	7,020,266	6,243,879
73	－ 98,641	6,862,426	5,489,940	5,391,299	4,852,169
74	－ 361,831	8,249,408	6,599,526	6,237,690	5,613,921
75	－ 705,598	7,632,273	6,105,818	5,400,220	4,658,677
共計	－ 1,144,292	37,182,560	29,746,046	28,601,749	25,464,099

單位：千元

以來，迄今已十四年未加調整，而其他物價十多年來已頗多波動，例如燒餅油條，當時每套爲新臺幣一元，今已漲至十元，上漲達十倍，其他如國內報紙、公共汽車車票等莫不上漲甚多倍，公教人員待遇亦經調整多次，郵政人工費用增加頗鉅，而郵政業務之處理大多靠人力，因此，郵政業務自七十一年起即出現赤字，逐年發生虧損，自七十一年至七十五年五年間，共虧損新臺幣十一億四千多萬元。七十六年虧損金額則爲新臺幣三億餘元，已往全賴儲匯業務來支援彌補，由此可見儲匯業務對整個郵政經濟所負使命與所扮演角色之重要性。

郵匯局所吸收民間資金，依照院令規定，悉數轉存中央銀行，供其作國家長期建設資金之用。到了民國七十年左右，各銀行業由於所收存款，不足以應付貸放工商業之需要，發生資金短缺情形，乃向郵匯局中央銀行及財政當局竭力爭取郵政儲金，希望能從中央銀行分得一杯羹，作爲貸放款之用，所以在當時的郵匯局，在各銀行業間是相當吃香的。於民國七十一年二月十八日，郵匯局奉行政院臺七一交字二六一一八號函核定：「郵政儲金新增部分不再繼續轉存中央銀行，改分存於交通銀行、中國農民銀行、臺灣土地銀行及臺灣中小企業銀行等四家專業銀行，供其專責辦理各項中長期及專業放款之用」。經中央銀行召集郵政儲金匯業局及上述四家專業銀行會商結果，自七十一年三月一日起實施，分存比率爲交通銀行四〇%、臺灣土地銀行二五%、臺灣中小企業銀行二五%、中國農民銀行一〇%。到了七十三年初，發生十信案件，受波及之中小企業爲數甚夥，因而倒閉者不在少數，銀行貸款不能收回者數額亦鉅，銀行有關主管有受牽連遭致行政處分甚至受刑事起訴處分者，因此對貸放對象莫不作審愼考慮，不敢輕易放款。另方面由於民間資金浮濫，無其他更佳出路，大量湧入銀行業，存款激增而放款不易，形成濫頭寸。郵政儲金因機構普遍，增加更速。上述四家專業銀行對巨額轉存之郵政儲金感到吃不消，乃向中央銀行求援，希望其重行收回郵政儲金之轉存。以後郵政儲金轉存四家專業銀行之比例奉命逐漸減少如下：

一、奉行政院七十三年十月一日臺七十三交字第一五九一一號函規定：「自七十三年十月起郵政儲金新增部分之二五%轉存中央銀行，其餘七五%仍照原規定分存四家專業銀行。」

二、准中央銀行七十四年十一月十四日(74)臺央業字第一七五一號函規定：「爲因應當前金融情勢需要，即日起將新增郵政儲金轉存本行之比率，由現行二五%提高爲三五%，餘六五%仍按原核定比率分存於交通銀行、臺灣土地銀行、臺灣中小企業銀行、及中國農行等四家專業銀行，作爲專業性與中長期貸款之用。」

三、准中央銀行七十五年三月四日(75)臺央業字第三八二號函規定，自七十五年三月份開始將新增郵政儲金轉存央行之比率，由三五%提高爲七〇%，其餘三〇%仍照原核定比率分存上述四家專業銀行。

雖然中央銀行將新增郵政儲金收存之比率提高至七〇%，但四家專業銀行對激增之郵政儲金仍感到沉重，貸放不出去，中央銀行後來同意將四家專業銀行已到期之郵政儲金予以解約轉存央行，以減輕彼等之負擔，此項由四家銀行到期轉存央行之郵政儲金款額曾到達新臺幣六百億元之多。

郵匯局在七十五年以前，每年雖有鉅額盈餘繳解郵政總局作爲紅利，對郵政經濟有重大貢獻，已如前述，但其每年所獲得盈餘，如細加以分析研究，可以發現郵匯局之財務結構，實在非常不健全，也十分脆弱。依照郵政總局七十五年郵政成本調查統計所得結果顯示，郵匯局所經營業務中，匯兌業務於七十五年度虧損新臺幣一億零四百多萬元（其中匯票虧損八六、六〇四、六三六元，禮劵虧損一八、〇七八、六三四元），壽險業務虧損新臺幣八百十多萬元，儲匯代理業務雖有盈餘，但爲數甚微，僅一百八十多萬元。郵匯局盈餘完全依靠儲金業務，七十五年度郵政儲金共盈餘新臺幣七十一億七千七百多萬元。儲金業務共分存簿、定期、劃撥、師生等四種，其中有盈餘者則僅存簿儲金一種，計盈餘新臺幣七十四億三千多萬元，而定期則虧損一億四千四百多萬元，劃撥虧損七千七百多萬元，師生虧損三千二百多萬元。由上可知郵匯局盈餘及整個郵政經濟，完全依賴郵政儲金一項，而且只靠其中的存簿儲金，因此郵匯局的盈餘，實在太不可靠，也太危險。

到七十四年六月以後，郵匯局就出現危機，儲匯財務情形，也逐漸走下坡。因郵匯局盈餘完全依靠郵政儲金轉存中央銀行及四家專業銀行所得轉存利息，轉存利率差距（即一年定期存款利率與存簿儲金利率之差額）愈大，所得轉存利息愈多，儲匯盈餘也愈鉅。過去此項差距最高時曾達月息六厘，即民國六十三年一月二十七日一年定期存款利率爲一分五厘，而存簿儲金爲九厘。後來銀行利率逐漸下降，而且一年定期存款利率降低幅度較活期儲蓄性的存簿儲金爲大，因此兩者差距逐漸減少。於七十四年六月十七日時，差距仍有三·二五厘，所以七十四年度郵匯局盈餘仍有新臺幣八十二億四千多萬元，到七十五年度，由於定期利率一再下降，差距縮小，尤於七十五年一月二十日銀行利率實施自由化後，至七十五年六月五日，銀行掛牌利率一年定期存款利率降至五厘，而活期儲蓄存款（即郵政存簿儲金）利率仍爲三・七五厘，郵政儲金轉存差距降至最低點爲一・二五厘，至七十五年十月二十一日，前者又降至四・七五厘，幸後者亦降至三・五厘，兩者差距雖仍維持一・二五厘，惟已至成本邊緣。茲將歷年來儲金轉存利率列表於本文之末，郵政存簿儲金結存額至七十六年六月底計新臺幣四千六百億元，如果轉存利率差距每減低一厘，一年的盈餘就要減少新臺幣四十六億元之鉅，可見轉存利率差距對儲匯盈餘及郵政經濟之重要性。七十五年度郵匯局盈餘，由於已往高利率轉存款到期利息仍多，故尚有七十六億三千多萬元，但七十六年度盈餘，因到期之轉存款利率多爲低利率，就只有二十億餘萬元，儲匯盈餘減少，郵政虧損則增多，整個郵政事業之財務狀況就可想而知了。

綜上以觀，展望郵政事業前途，今後之計在客觀方面，除希望社會經濟及金融情況改變，銀根能維持適當程度，定期存款利率能恢復上升，同時與活期儲蓄存款利率之差距能夠增加，至少維持適當水準，不要再行縮減，在主觀方面，鑒於存簿儲金業務愈發展，儲匯盈餘愈多，對郵政經濟也愈有利，應爲今後發展業務重點之一，予以全力推展。而代發薪資存款，代發國軍退除役俸，增加自動提款機，加速電腦連線，儘快完成全省連線作業網，加速帳務處理，以便利公衆存提款等均爲發展存簿儲金重要措施，應積極注意辦理。

郵政簡易壽險業務，已對郵匯局的財務構成嚴重威脅。中央銀行業務局於七十五年三月函知郵匯局，以壽險責任準備金非屬儲金，自三月份起新增加之壽險責任準備金不再收存，其他銀行亦以游資過多，不願收存，使郵匯局每月新增約新臺幣二十億元之壽險責任準備金，無法作有效運用，雖經奉准可購買國營事業之公司債，但數量不多，杯水車薪，無濟於事，大量壽險積存金，形同呆存。再者，由於存款利率一再下降，而保費預計利率因限於簡易壽險法規，在未奉准修正前無法降低，致使該項原有少數盈餘之業務，自七十五年四月起發生虧損，雖經採取各項措施，如全面停發招攬壽險佣金及暫停受理五、六、七、八年期儲蓄保險，以期稍減虧損，但七十六年度簡易壽險仍發生虧損，侵蝕郵政儲金盈餘。長此以往，實爲整個儲匯財務前途憂慮，因此，除已層報行政院修正簡易人壽保險法外，應繼續竭力爭取以壽險責任準備金用於融資政府機構及國營事業機構有償性公共投資計畫，俾作有效運用。

於郵政業務方面，除應繼續加強發展有利的快

歷年來儲金轉存利率一覽表（一年期定存利率）

調整日期	存簿利率（%）	轉存利率（%）	差距（%）	調整日期	存簿利率（%）	轉存利率（%）	差距（%）
60. 05. 29	4.00	9.25	5.25	70. 12. 17	8.50	13.00	4.50
61. 07. 01	5.00	8.75	3.75	71. 02. 26	8.25	12.50	4.25
62. 07. 26	5.00	9.50	4.50	71. 04. 17	7.50	11.50	4.00
62. 10. 24	6.50	11.00	4.50	71. 07. 12	6.75	10.50	3.75
63. 01. 27	9.00	15.00	6.00	71. 09. 18	6.00	9.75	3.75
63. 09. 19	8.50	14.00	5.50	71. 12. 30	5.25	9.00	3.75
63. 12. 13	8.00	13.50	5.50	72. 03. 16	4.75	8.50	3.75
64. 02. 22	7.75	12.75	5.00	73. 05. 09	4.50	8.25	3.75
64. 04. 21	7.00	12.00	5.00	73. 11. 24	4.50	8.00	3.50
65. 10. 22	6.50	11.25	4.75	74. 03. 22	4.25	7.75	3.50
65. 12. 15	6.00	10.75	4.75	74. 06. 17	4.00	7.25	3.25
66. 04. 01	5.25	10.00	4.75	74. 09. 17	4.00	6.75	2.75
66. 06. 10	4.75	9.50	4.75	74. 11. 23	3.75	6.25	2.50
68. 05. 16	6.00	11.00	5.00	75. 01. 20	3.75	6.00	2.25
68. 08. 22	8.00	12.50	4.50	75. 02. 25	3.75	5.75	2.00
69. 11. 17	8.50	12.50	4.00	75. 03. 01	3.75	5.25	1.50
70. 01. 06	8.50	13.00	4.50	75. 06. 05	3.75	5.00	1.25
70. 06. 15	9.50	14.50	5.00	75. 10. 21	3.50	4.75	1.25
70. 10. 21	8.75	13.50	4.75	（轉存利率另加碼0.18%）			

捷郵件及集郵業務以增加營收外，應早日達成調整國內郵資方案，以減少郵政業務之繼續虧損。此外，各項業務處理手續，應力求簡化，並緊縮人手，以資節省人工開支。總之，處此艱苦環境，誠摯希望全體同仁，能同心協力，精誠團結，共爲渡過難關，開創郵政事業未來美好光明的前途而努力。

原載七十九年九月「今日郵政」第三五七期

評介《中華郵政發展史》

——為研究我國郵史之最佳讀物

我友晏星兄，出生於我國歷來文風最盛，出產狀元最多的江蘇蘇州，曾任郵政總局首席副局長，著作等身，尤於郵學、郵史方面，夙爲郵壇所稱重，譽爲郵政才子。民國八十三年十月間，他又有一本鉅著問世，書名爲「中華郵政發展史」，被彙列爲「中華科學技藝叢書」之一，由台灣商務印書館出版發行。晏星兄撰寫是書，係應「中華文化復興總會」及「中國之科學與文明編譯委員會」之邀約，並爲郵政總局出版之今日郵政社所推薦。是書封面，蒙我國當前學界泰斗、德高望重之國家元勳陳立夫先生親賜題楣，殊見珍貴。是書內容至爲閎富，厚逾五百頁，都三十五萬言。

有關研究我國郵政歷史的專書，以往雖有若干種，例如張樑任先生的「中國郵政」、樓祖詒先生的「中國郵驛發達史」及王開節先生的「我國郵政發展簡史」等等，其內容本書均已兼容並包。

綜觀本書內容，分爲「緒論」、「古代郵政」及「現代郵政」三大部分。著者在「緒論」中，竟能蒐集到不少中外早期郵史資料，並以珍罕圖片爲證，至屬不易。作者胸懷中華，放眼天下，此書開端，兼敘近代德國、法國、義大利、葡萄牙、英國、瑞士、俄國、美國等郵政振興情形以及萬國郵盟之起源與形成等。至於「古代郵政」部分，歷述人類文明中產生通信需要，以及世界各國郵政的起源和我國自周秦以迄明清歷代郵驛的沿革。而「現代郵政」部分，則分爲：甲、從萌芽到成立；乙、大清郵政官局時期；丙、從民國肇建到抗戰勝利前後；丁、光復後的台灣郵政等四大節，從詳介紹自晚清時期隨著門戶開放到引進西洋的國營民享之新式郵政，民國肇建到抗戰前後，台灣光復乃至今日，百餘年來的現代郵政發展歷程，深入淺出，資料詳確，言之有物，而文筆又流暢平實，娓娓道來，如數家珍，令人一卷在手，愛不忍釋，頗饒樂趣，是不僅我郵政界有志於研究本身專業歷史者之重要參考書籍，亦爲郵壇一般愛好郵史人士之最有益讀物。余既得先睹之快，於開卷細誦之餘，深覺獲益良多，謹鄭重爲之推介。

原載八十四年一月「今日郵政」第四四五期

樂介「中華郵政史」

郵政史是屬於交通史的範疇，也是國家文化史的一部門。郵政的發展，可說是國家與社會發展的剪影。中華郵政史近百年來的發展，與我國近代史息息相關，從百年來中華郵政的成長，亦可以窺見我國近代史多災多難，艱苦的歷程。

有關研究我國郵政歷史的專書已往有不少本，例如張樑任先生的「中國郵政」、樓祖詒先生的「中國郵驛發達史」、王開節先生的「我國郵政發展簡史」等。民國八十三年十月，我友潘安生先生所著「中華郵政發展史」問世，至八十四年底，又有一本有關我國郵政歷史的專書出現，此即張翊先生所著「中華郵政史」。未及二年，潘、張兩氏的兩本鉅構的相繼出刊，對有志研究我國郵史者，實爲絕大佳音。

張翊先生字幼愚，江西省九江人，終生服務郵政事業，歷任台灣郵政管理局副局長，郵政總局業務處長、供應處長、主任秘書、郵政研究所所長及郵政儲金匯業局副局長等要職，對郵政事業卓有貢獻，其與安生先生同爲筆者之至友。

張氏所著「中華郵政史」，由東大圖書公司印行，被列爲滄海叢刊之一，同時亦爲國立中央圖書館編列入出版品編目資料之中，具見是書於學術上之地位。「中華郵政史」厚達五百五十頁，內容至爲宏富，書中所引證之資料，採自中央研究院近代史研究所檔案館、郵政博物館、海關資料室等處所典藏之原始檔卷，並均經一一註明其出處，可使讀者便於查考，著者當盡了不少精力與時間，彌值稱道。

綜觀本書內容，係從我國早期周秦時起歷代的驛遞組織，演變到清朝的民信局、列強的客郵局、工部局書信館，及國家現代郵政的創設，從客卿中爭回而統一郵權，東北郵政九一八事變後之停辦撤退與恢復的經過，抗戰八年期間的郵務、郵路的維持與軍郵的設立，以及到抗戰勝利撤遷來台時爲止，將中華郵政事業的演變與發展，作了十分詳盡的敘述，其中並兼寫了不少已往未爲人知的可歌可泣事蹟，以簡明、流暢且帶有豐富感情的筆調，述說中華郵政的許多故事，並有珍貴的圖照爲佐證，不特可讀性甚高，如作爲學術性研討，亦不失爲一良佳的參考書籍，謹樂爲之介。

原載八十五年三月「今日郵政」第四五九期

郵遞區號有待加強宣導推行

郵遞區號爲實施郵件處理機械化與自動化，以加速郵遞必要條件之一，至爲重要，各國郵政莫不十分重視，而加強宣導推行。按我郵實施郵遞區號制度，爲時不能說晚，已有相當歷史，經查係始於民國五十九年，迄今已有二十八個年頭了，但成效如何，大家心裡有數，能於郵件封面上書寫郵遞區號者，除我郵政人員及集郵人士外，並不普遍，此可在收到信件上可以獲知，惟使人殊感痛心者，厥爲也曾發現我郵政從業人員，甚至位爲主管，亦未能倡導力行，於寄發郵件上未認眞書寫郵遞區號，或於印製賀年信封上寄件人地址欄未印郵遞區號，何能苛求於一般公衆。

雖然郵政當局，歷年來一再宣導呼籲公衆要書寫郵遞區號，使它成爲收件人地址之一部分，惜成效不彰，有時於寫信時，雖有心想寫上收件人的郵遞區號，常常無法查到，莫可奈何，只好不寫，郵總對郵遞區號之宣傳，也確實想盡了各種辦法，做了不少事，如編印「台灣地區郵遞區號簿」小冊，放在郵局窗口，供公衆免費取用，但或因限於經費，是項小冊未能挨戶普遍分送，致成效不大。郵總也在各地郵局設置服務電話，讓公衆查詢郵遞區號，惟往往於急切間一時未能獲知該項服務電話之號碼，也感不便。

記得在甚多年前，經我郵相關單位幾經交涉洽商，獲得各地方機關之同意於各住戶門牌號碼上加印鐫有所在地之郵遞區號，使各位住戶易於知道自己住址之郵遞區號，於寫信時在寄件人地址上能正確寫上，誰知此項不易得來之成果，卻已被輕易地放棄，未能維持，因在半年前，筆者在新店之住所，換裝新門牌時，赫然發現，牌上已無郵遞區號，其後在台北市的門牌上，亦均無郵遞區號的影子，誠感十分可惜。

郵遞區號在美國及其他先進國家，早已推行得相當徹底與普遍，獲得廣大公衆之認同，郵遞區號確已成爲地址之一部分，尤其在美國，可說幾乎沒有漏寫的，此可在收到由美國親友寄來之信件上，獲得證明。

其次，我們來談談對岸大陸郵政推行郵遞區號情形，來作一相互比較。經筆者數次前往大陸探親及旅遊觀察所得，似較我們爲佳，可說已具相當成效。他們稱「郵遞區號」爲「郵編號碼」，爲六碼制，即由六個阿拉伯數字所組成，或因大陸幅員遼闊，局所衆多郵遞區段也多，因之區號非六碼始夠使用，大陸各郵政機構門前，除一如我郵然，張掛或書寫「請使用標準信封，請書寫郵編號碼」等大幅宣傳標語外，已往在所蓋郵戳上也刻上所在地的郵編號碼。至各公私機關團體、公司行號所印信封，寄件人地址上莫不印有郵編號碼，而各報章雜誌，甚至公衆所印名片上，地址欄均附印有郵編號碼，即我赴大陸做生意的台商，所印名片，也受大陸風氣感染，地址上也都印有郵編號碼，又大陸一般老百姓寫信，多能在信封上書寫郵編號碼，可說郵編號碼已確成為地址之一部分，一如美國然，此可在我們收到彼岸親友寄來的信件上獲得明證。反觀我國內情形，不但各公私機關團體、公司行號所印的信封上寄件人地址欄多未能印上郵遞區號，而各報章雜誌，於社址上能印上郵遞區號者，亦寥寥可數，就報紙而言，國內中英文日報數十家，能於報名下社址欄附印郵遞區號者，經查僅中央日報、聯合報、聯合晚報、民生報、英文中國郵報等數家而已。其實，各報章雜誌來向我郵申請登記為新聞紙類，核發登記執照時，因何不強制其於報章雜誌社址上加印郵遞區號，否則似可不予核發執照。至於國內一般公衆所用名片上，能印上郵遞區號者，亦不多見，尚未能蔚為風氣。筆者之所以喋喋與彼岸情形作比較，並非「長他人之志氣，滅自己之威風」，不過誠懇提出，供我郵當局作為警惕，與改進參考而已，並熱忱希望我郵各有關部門能多作研究，如何加強宣導推行，此一有利郵件處理機械化與自動化之措施，則郵遞幸甚，無任企盼。

原載八十七年二月「郵人天地」第三三六期

淺譚「五老」

——退休後體會領略所得

時間過得眞快，轉瞬間，告老在家，已逾五年，而內子由台灣北區郵政管理局退休，也已過去了二個年頭。初退休時，對已往四十多年來的按時上下班的單調公務員生活，眞還有點懷念，退休後心情一時尚不能調適，終日無所事事，經過五年來慢慢的適應，總算習慣穩定下來。對社會上所謂「五老」，即老伴、老健、老本、老友、老趣等，深感均甚重要，缺一不可，閒著無事，特就領略體會所得，草此蕪文，以就正於前輩好友。

「五老」中，筆者認爲老伴最爲重要，古諺云：「少年夫妻老來伴」，眞是至理名言。人進入老年，即會感到老夫妻的重要性，此時更需要能互相扶持照顧，慰藉與體貼。尤其於身體不適，病魔侵襲時，更需老伴的照料，有許多事，即親如子女、媳婿，也無法或不便代勞，究竟夫妻是一體，可以裸裎相見。在世界上，能有誰比終身伴侶更親密更重要。

老來健康之重要性，殊不亞於老伴。如果健康不佳，病魔纏身，與藥爲伍，將了無生趣，即使有錢，也無法享受。因此人到老年，由於抵抗力較弱，更要注意身體健康，平時飲食冷暖起居，尤須特加保養珍攝。日常行路及上下樓梯，要慎防跌跤，老年人骨骼和含鈣是跌不起跤的。過馬路更要小心，嚴守交通規則，注意前後車輛，切忌闖紅燈。如能作適當利於老年人的運動，像散步、慢跑、爬山、柔軟體操、打太極拳，甚至跳土風舞等等，可憑各自志趣愛好而爲，對身體健康亦有裨助。一年一度退休人員春節團拜聚會，見到許多退休老友，雖鬢髮各已蒼白，但多身體健朗，紅光滿面，頗感快慰。

人到老年，「老本」不容忽視，所謂「老本」，即是養老的根本。退休後總要有點積蓄，作爲老年生活之資。在往昔農業社會，有「積穀防飢，養兒防老」的觀點。時至二十世紀末葉，傳統道德觀念日漸式微，「孝道」已不如往時的重視，五代同堂已不多見。子女長大了，多離身而去，各自組織小家庭，能奉養雙親的，如鳳毛麟角，對子女不能存有奢望，因此老年生活，還得靠自己。中國人的所謂「孝道」，其實是孝順子女，省錢給兒女，是理所當然。如果老年時，向子女要錢養活作伸手牌，可就悲了。「老本」不需多，能過活就好，想吃的、想用的，可以隨意花，如有餘資，與老伴作旅遊，則是相當滿意幸福了。筆者覺得，郵局按月退休金，實在是一項十分優良的制度，每月所得，雖爲數不多，維持一般生活是可以的，使人無後顧之憂，有安全感。如像一般行政機關，只能領一次退休金，數額雖較多，但如運用不善，譬如經商失敗，或玩股票虧蝕，或爲壞人所騙，使老本化爲烏有，則就慘了。郵政人員多是安分守法，不擅經營的老實人，須知人心險惡，世道式微，不可不慎。

人到暮年，深感「老友」之重要，能跟老同事、老朋友、老鄉親以及親朋好友，適時晤聚小吃、品茗、淺酌，憶談往事，擺龍門陣，海闊天空，乃人生一樂，因可稍解老年生活的寂寞與無聊。筆者去美國多次，總覺在美國老友太少，太寂寞。雖然美國的居住環境不錯，住家大多寬敞舒適，前後院一般都甚大，綠草如茵，樹木扶疏，空氣清新，交通秩序良佳，但由於親朋少，對老年人而言，並不太適合，因此有不少人，寧願放棄綠卡，飛回台灣，在污濁空氣、交通紊亂等環境中過活，此無他，就是在台灣「老友」多，比較熱鬧。

所謂「老趣」，即人雖老了，仍要有一種能使自己感到快樂與興趣的生活方式，也就是「嗜好」。人的嗜好，各有不同，有的人喜歡運動，如打球、游泳、爬山等，有的則熱衷於收集狂，如集郵、集幣、甚至蒐集火柴盒子等小玩意兒，終日浸淫其中，覺得其樂無窮。也有愛好垂釣、跳舞、打太極拳等，更有喜看書、學畫、臨帖習字，日坐書城，跑圖書館以消磨時間的。總之，有了「老趣」，能使身心愉快，於健康有益。我的好友「小潘」，今則應尊稱爲「潘公」，他愛爬格子，寫文章，著作等等，除此之外，唯一嗜好，是打羽球，他與筆者，同有此一愛好，我倆每週打羽球四次，風雨無阻，已歷三十餘年，有時寧願放棄應酬吃飯，到球場廝殺，打得不亦悅乎，但身手矯捷，奔跑迅速，不輸年輕人。最後，我要說一說的，是我國國粹「麻將」，對老年人而言，也是一種比較合適的消遣，尤其於天氣不佳，無法外出活動時，與脾胃志趣相投的老友手談，作方城之戲，也是一種享受。我覺得發明「麻將」者，一定是絕頂聰明的人，因「麻將」變化多端，奧妙無窮，可以訓練腦筋。人腦如機器一般，不思考常用，即會生銹。而玩牌須用腦筋，可避免發生一段老年人的「癡呆症」，因此奉勸退休的老朋友們，如不會的，不妨學一學，有志者盍興乎來。

原載八十一年七月郵政退休人員協進會「會訊」

漫譚紹興酒

古往今來酷嗜杯中物者，何可勝計，文人墨客，吟詠酒的詩句也不少，如「一醉解千愁，三杯萬事和，酒外乾坤大，壺中日月長。」、「古來聖賢皆寂寞，惟有飲者留其名」、「人生得意須盡歡，莫使金樽空對月」、「抽刀斷水水更流，舉杯澆愁愁更愁」等名句，大家莫不耳熟能詳。

我國釀製的名酒，有不少品種，其中當以紹興酒最爲著名，也最受人喜愛。紹興酒名揚古今中外，且爲世界三大古酒之一，其他兩種爲葡萄酒與啤酒。紹興酒顧名思義，其出產地在浙江紹興。紹興爲我國歷史文化古城，是被大陸共方首批公布的廿四個歷史文化古城之一。紹興於春秋戰國時期，爲吳越古都，山川靈秀，人文薈萃，文風鼎盛，所謂紹興師爺，在遜清時是十分聞名的。

紹興美酒，其味醇厚，馥郁芬香，品瑩澄澈，無論色澤香味均臻上乘，使飲者賞心悅目，回味無窮，故而廣受歡迎與喜愛。究其主因，實由於紹興酒係用得天獨厚的紹興東湖之水釀製而成。東湖又名鑒湖，在錢塘江以南，曹娥江以西，是於東漢時修築的一個人工湖，面積二百零六平方里，目前東湖之水，係匯集會稽山的大小溪流而成，水質優良，清澈味美，密度又大。俗語說：「水爲酒之血」，如果沒有好水是釀不出好酒的。因此佳釀出處必有名泉。在紹興民間又常有一句話說：「紹興老酒鑒湖水。」

紹興酒也有稱爲黃酒者，因其色澤澄黃清亮而故名。中國大陸各地釀造的黃酒很多，著名的有福建沉缸酒、山東即墨老酒、江蘇無錫惠泉酒、丹陽封缸酒、廣東珍珠紅酒、連江元紅酒、大連黃酒、九江封缸酒、蘇州醇香酒等，品質都還不錯，但能眞正代表中國黃酒特色者，應推紹興酒，又台灣馬祖亦有釀製黃酒者。

紹興酒的原料多爲糯米，亦有以粳米釀造的，米粒經過細選要顆顆潔白而飽滿，經蒸煮糖化和發酵壓濾而成。紹興酒之釀製是有一套歷史悠久，經多年累積起來的傳統釀酒技術秘方。紹興酒有下述四種品名：

一、**元紅酒**：又稱狀元紅，此酒發酵完全，含糖量少酒液橙黃透明，特具芳香。

二、**加飯酒**：爲紹興酒中最佳品種，加飯顧名思義是與元紅酒相比，於原料配比中，加水量減少，而飯量增加，酒液顏色，似琥珀深黃帶紅，透明晶瑩，郁香異常，味醇甘鮮。

三、**善釀酒**：以貯藏一至三年的元紅酒代水釀成的雙套酒，酒液深黃，質濃芳香，口味甜美。

四、**香雪酒**：以陳年糟燒代水，用淋飯法釀製而成的，也是一種雙套酒，酒液淡黃清亮，芳香幽雅，味醇濃甜。

紹興酒除上述品種外，尙有一種知名度較高的傳統花色產品，名爲竹葉青酒，係以元紅或加飯酒作爲酒基，配入一定量的高度糟燒，浸泡當年採摘的嫩綠竹葉漏出的酒液作爲色素，色呈淡青，清香沁人，鮮爽醇洌，獨樹一幟。

其次，還有一種女兒紅酒，也十分聞名，亦稱爲女兒酒，即在女兒出世時就著手釀製的加飯酒，裝入酒罎內，貯藏在乾燥的地窖中或埋在泥土之下，也有打入夾牆之內的，直到女兒長大出嫁時，才取出或挖出來請客或做陪嫁之用，這時該酒之存放時間，多已達二十年左右，啓封時異香撲鼻，滿室芬芳，酒質醇厚，如不擅酒量者，會淺斟即醉的。盛裝女兒酒的酒罎十分講究，在酒罎上塗以朱紅，著意彩繪。往往在製作酒罎土坯時，就塑出各種花鳥、人物的圖案，等燒製出窯時，請畫匠彩繪出各種圖案，有山水亭榭、飛禽走獸、仙鶴壽星、嫦娥奔月、八仙過海、龍鳳呈祥等民間傳說及戲曲故事。這種酒罎，被稱爲花雕酒罎。紹興人在生女兒時，常會戲說生了一個酒罎或說弄瓦之喜。

台灣省煙酒公賣局也有製售紹興酒，品種不少，可分普通紹興酒、陳年紹興酒、花雕、竹葉青、狀元紅等。台灣光復初期，當時的煙酒專賣局原只有日本風味的清酒、特級清酒、台灣米酒、紅露酒及啤酒等，因該時台灣行政首長陳儀是紹興人，行政公署內又有不少紹屬人士，爲應來台的外省人的需要，特從紹興請來五名釀酒的專家，來傳授紹興酒的釀製技術，因而台灣亦產製紹興酒，但如經老饕或飲酒專家仔細品嚐，或因水質關係，與道地的大陸紹興酒相比，仍有顯明差異。

在喜慶宴會場合，紹興酒是不可或缺的，爲製造宴客熱鬧氣氛，歷來有猜拳行令習俗，輸者罰飲酒一杯，一般拳令用語，有：「獨占鰲頭」、「兩相好」或「寶拳一對」、「連中三元」或「三星

「九快得利」、「八仙過海」、「七巧」、「六六順風」、「五子登科」、「四季發財」、「高照」、「十全家福」等。至於文人雅士，尚有「流觴曲水」故事，人們坐在彎曲的流水旁，上游放置酒杯，任其隨水順流而下，杯子停在誰的面前，誰就取飲，並相互吟詠作詩爲樂。我國書聖王羲之，爲紹屬人士，於公元三五三年在紹興蘭亭舉行的修褉活動，即有曲水流觴的雅事，他在「蘭亭集序」中曾有：「……群賢畢至，少長咸集，此地有崇山峻嶺，茂林修竹，又有清流激湍，映帶左右，引以爲流觴曲水，列坐其次，雖無絲竹管弦之盛，一觴一詠，亦足以暢敘幽情……」等名句，流傳千古。

原載八十五年八月「嵊訊」第十八期

慶周年

——談郵人天地誕生經過

「郵人天地」從去年三月二十日郵政紀念日創刊以來，已滿一年。筆者對這本專屬於郵政同仁們的刊物，自始即具有密切的關係，不僅因爲是本刊七位編輯委員之一，而且由於我對本刊的誕生，也曾略具淵源。

這要從五十七年年底說起，那時郵政總局管理革新委員會爲遵照交通部的指示，加強郵政機關間的內部聯繫，增進上下間的合作與共同了解，藉利事業發展起見，特成立內部聯繫小組，筆者奉命擔任小組主持人，爲促進郵政機關間的內部聯繫而努力，在所做的各項工作中，我們覺得最具有意義的是爲這一本內部聯繫刊物催生。

我們認爲要溝通員工意見，消除隔閡及加強了解，一本完全屬於同仁的聯繫刊物是必需的，因此著手蒐集資料，擬訂計劃，向郵政管理革新委員會建議發行內部聯繫刊物。雖然，我們已有「今日郵政」月刊，但因它主要以局外人士爲對象，有許多同仁心聲，未便在該刊內發表，也就是說該刊不能供同仁們暢所欲言，所以大家認爲「今日郵政」是不足以擔負起內部聯繫刊物的任務的。

依照我們提交革新委員會發行內部聯繫的計劃書，這本刊物是完全對內發行的，內容要包括：事業政策、新知介紹、人事動態、員工心聲、各地通訊、康樂活動、福利消息、生活情趣、文藝創作及進修輔導等部門，以三十二開六十磅模造紙印製，每月出刊一期，每期預計三十頁至五十頁左右，出刊後凡屬郵政同仁均可人手一冊。

我們的計劃書於五十八年八月二十日在郵政管理革新委員會第七次會議裏提出討論，並蒙多數委員的支持，終獲通過，並由總局設計研究委員會(今改名為研究發展委員會)秘書室負責籌劃出刊。

對刊物的命名，也是經過一番週折的，最後決定在五十八年十月份的今日郵政月刊上刊登啓事，公開向讀者們徵求，獲得熱烈響應，應徵明信片雪片飛來，共達九〇五件之多，所提出的刊名，有「綠苑」「綠園」「青鳥」「綠橋」「郵人郵事」「郵政新猷」「郵光」「郵人天地」等數十種，眞是琳瑯滿目，美不勝收，後經指定委員審愼評判結果，以服務鐵路局的林倖生讀者所提「郵人天地」獲選，獨得獎金新臺幣一千元，最近我們又冠上她的英文名字為"The Postal World"。

一年來，筆者眼見這本刊物，由於同仁們的努力灌溉，和辛勤的耕耘，已日見茁壯，篇幅由創刊時的三十二頁增加到最近的七十二頁，內容一期比一期豐富，不但受到同仁們的重視，連外界有許多機關，也紛紛來函索取，所以筆者的內心裏，實在感到有說不出的高興與快慰。今天乘她周歲之慶，特追憶她的誕生經過並祝她繼續進步，長命百歲。

原載六十年三月「郵人天地」第十三期

憶談在集郵崗位上一些往事

陳理事長、各位集郵先進及集郵朋友：首先我很感謝陳理事長的邀請，讓我能有機會來跟大家談談我在集郵崗位上時的一些往事，感到非常高興，不過我的鄉音很重，各位如有聽不懂，還得請大家原諒。

時光過得很快，我退休至今瞬已二年多了，我還很清楚的記得，前年三月一日退休時，曾蒙陳理事長及集郵界諸君的厚愛，特爲我在三普大飯店舉行盛大的紀念茶會，光臨參加的有遠自海外的郵會代表，國際知名的集郵人士，國內所有郵會的負責人及集郵界的朋友等一百六十餘人，且致贈珍貴的紀念品，其中尤以陳理事長夫人親繪的國畫及中郵會特爲我印行紀念封，深感殊榮，令我畢生難忘，謹在此再度表示我誠摯感謝之忱。

我服務郵政達四十二年，自卅五年五月抵台，當時很嚮往台灣的美麗風光，原預備在台工作三、四個月後就回去，沒想到來台後時勢生變，歸路阻隔，致滯台至今；我於卅四年七月在浙江龍泉與今汪總局長承運兄同榜考進郵局，卅五年五月由上海乘坐八千噸的海宿自由輪，與汪總局長、前潘副總局長安生、前儲匯局毛副局長奎吉、總局供應處陳處長維星及前今日郵政院社長齊國等同船來台，那時大家廿餘歲，都尚未結婚。我在郵局曾擔任很多職位，其中以在集郵崗位上服務最久，也最值得懷念。自六十三年三月一日接任郵政總局集郵中心主任，（到六十九年九月集郵中心改為集郵處）至七十一年六月五日卸任交給現任王處長威兄，整整工作了八年三個月零五天，在我之前的集郵中心主任都是郵政界的前輩，第一任是沈尚德先生、第二任是陳蘭拯先生、第三任是楊敏詩先生、我是第四任，為在任最久的集郵處處長，現在王處長亦已在任六年多，希望他不要超過我。在任期間值得回憶的事情實在很多，最大的收穫是交到了很多國內外的集郵朋友，終生受用不盡，得益良多。也有不足為外人道者，現在已退休了，說話似乎較自由一點。陳理事長給我出的題目既是「講古」，就像白頭宮女話當年一樣，乘此機會談點往事，希望大家說說聽聽就算了。

現在想起來，在八年任期中，籌辦了不少次郵展，其中有兩次大規模國際性郵展，即百年郵展與建國七十年郵展，學到了不少經驗，如果現在來舉辦大規模郵展恐怕場地也會有困難。我們所辦的郵展，其參展辦法及一些規則，都是參照ＦＩＰ的規定來辦理的，郵展中較值得回憶的有慶祝抗戰勝利三十週年軍中巡迴郵展，大龍票發行百年郵展，建國七十年郵展，中國古典郵展等等。在百年郵展時曾極力爭取郭植芳遺孀擁有的國郵瓌寶紅印花小壹圓四方連，我曾專誠去舊金山拜訪郭夫人，卒由於郭夫人因病住院未果，失去展出機會。後來該項四方連於六十九年底轉讓與香港集郵家林文琰先生，那時讓價據說是廿八萬元至卅萬元美金，現在單枚即值三十二萬美金，四方連不知值多少了。我們舉辦古典郵展時，曾承陳理事長及胡新先生之協助，獲得紅印花小壹圓四方連新主人林文琰之同意，將此一世界孤品我國國郵珍寶紅印花小壹圓四方連在古典郵展會中首次公開展出，實屬難能可貴，轟動國內郵壇，爲一大盛事，回想當初該票由林文琰先生親自從香港攜來，放在西裝口袋內未敢稍離，我親到機場去歡迎他，車子直駛郵政總局，我護送林先生到集郵處處長辦公室，林先生即從西裝上衣口袋內將該四方連國寶交給我，所以在國內我有幸是第一個人看到，品相好極了，我即轉交給王處長，並囑王處長即放進保險庫內，好好保管，非常愼重，爲恐閃失，現雖早已歸趙，但緬懷那段緊張的往事，心仍惴惴。

郵票乃是推展國民外交及國際宣傳的利器，我在集郵處時曾努力去做好這份工作，曾製作若干套「從郵票看中華民國」的展品，每套約一百多框，分別以中文、英文、西班牙文、德文、法文、義大利文、日文、韓文、阿拉伯文作說明，到世界各國去展出，讓各國人士從郵票中來了解我國悠久的歷史文化，中華民國的創建及認識今日我國的經濟建設，體驗我國民主政治安和樂利的社會進步情形，藉以促進國民外交，這樣總計在我任期內曾在世界五大洲，三十多個國家及六十多個城市展出，獲得很多的好評。記得民國六十九年，當時孫院長運璿伉儷訪問巴拿馬，我們曾配合將西班牙文說明的展品運往展出，中國郵票全集中因欠缺一枚紅印花小壹圓的郵票，特向集郵家吳樂園先生商借，由當時總局及儲滙局兩位局長具名出借條，註明如有遺損須賠償新台幣一百八十萬元，是項小壹圓國寶，我奉命隨身攜帶前往，想想如有遺損，那我的退休金全部賠上恐怕還不夠呢！故不得不極爲小心。當郵展開幕第一天結束時，我即奉指示把它從展框上取下收藏，以郵票圖鑑上所印紅印花小壹圓剪下，外包透明紙後代替展出，跟眞票無異，未被觀衆識破，大家都知道圖鑑內的小壹圓票是以徐名標先生的票拍攝的，品相很好。

六十三年六月十六日至十八日，爲慶祝陸軍官校創校五十週年，與官校合作在官校圖書館舉辦郵展，展出「從郵票看中華民國」及「總統　蔣公郵票全集」等，蔣總統經國先生當時任行政院院長，由當時王局長叔朋陪同蒞臨參觀，看後至感高興，並對王局長留有深刻印象，據聞後來王局長於六十四年三月屆齡自請退休，薦舉施有強先生接替，當是項人事異動公事由交通部報到行政院，蔣院長看到時，因他對王局長還留有印象，就特別召見王局長面談，看到王局長身體健康情況良好，即意外地慰留王局長延長任期兩年，致使以後兩任郵政總局局長施有強先生及簡爾康先生不得不各延遲了兩年主掌全國郵政事業。而施有強先生幾乎做不到局長，因他係於民國元年出生，王局長延長任期兩年屆滿時，施局長也到達了退休年齡，後幸獲層峰例外地爲他延長二年，派他擔任第二十九任郵政總局局長，在他任期內還舉辦了一次有聲有色的百年郵展，馳譽國際。

我剛才說過，集郵崗位工作期間，交了很多集郵的朋友，也學到了很多，眞是獲益匪淺，今雖已退休，人不在位，然對我過去集郵界的好朋友都非常懷念，尤其是菲華的黃天湧先生，是個不折不扣的愛國郵人，郵藏豐富，六十七年他如能參加百年郵展，可能會獲得最大獎，惜因盛年溘逝，未能參展，深記得六十六年九月卅日上午突接陳理事長電話告知，黃先生因座車破胎出了車禍，引發心臟病於馬尼拉逝世，一代郵人就此撒手塵寰，實深浩嘆，黃先生對我國郵政總局及集郵界貢獻很大，使人難忘，後其家屬將其珍藏郵集全部以十四萬美金售給菲華集郵鉅子莊順成先生，莊先生後在精粹郵刊中再分期拍賣出去，其中有一隻日期最早最珍貴的大龍郵票古封爲黃建斌校長所拍得，後聞日人集郵家水原明窗氏欲以美金五萬元高價向黃校長要求懇讓，黃校長不願將此國寶流落異邦而予婉拒，這也是一段佳話，實値得一談。

其他已去世也値得我們懷念的集郵家有莊順成先生、石少東先生、陳志川先生、李東園先生、蘇惟通先生、梁民生先生、許奕經先生及鄒啓祥先生等，他們對郵壇都很有貢獻。

在以往三千多個日子裡，對集郵先進們給予我的指導與協助，衷心至爲感激，再度趁此機會表示我誠摯感謝之忱，最後祝集郵界團結合作，順利發展，大家身心健康愉快。

原載七十八年六月中國集郵協會「會務簡訊」

訪問集郵雜誌王國

——林氏郵刊阿摩斯出版公司(Linn's Stamp News Amos Press Inc.)

筆者於本年五月，奉派偕同郵政總局集郵處王處長威赴美國芝加哥，代表我國參加美國集郵界十年舉辦一次的大規模國際郵展，是項郵展名稱爲AMERIPEX '86，於五月二十二日至六月一日在芝加哥機場附近Rosement地方舉行，我們於六月一日郵展結束後，乘便飛俄亥俄州達頓（Dayton），有幸居住在美國航空先驅者懷特兄弟所住過的一所白色別墅內。該所別墅在一小山上，樹木蔥鬱，綠草如茵，四周環境幽靜，空氣清新，風景綺麗，何啻仙境。達頓距林氏郵訊，阿摩斯出版公司所在地雪尼(Sydney)，僅約半小時汽車車程，因此我們作了一趟集郵雜誌王國的訪問與參觀。

說起林氏郵票週刊，在國際郵壇上是大大的有名，愛好集郵的，幾乎無人不知，誰人不曉。該刊每週發行一次，每期發行量在八萬五千份以上，可說是世界上最大的集郵週刊，其訂戶遍及世界各地，每期出版頁數約八、九十頁，內容充實而豐富，其集郵消息報導，極具權威性，於一九二八年由喬治・林(George Linn)所創辦，迄今已有五十餘年的歷史。自一九四二年起，即由阿摩斯出版公司所印刷，至一九六九年，轉入阿摩斯家族手中。

林氏郵刊與本局關係素稱良好，除經常刊登本局新郵消息外，在筆者擔任集郵中心主任期間，曾多次為本局出特刊，登載本局送刊之專文。記得於民國六十四年七月廿一日，該刊特登出一篇短文，題目是：「現在我們明瞭為什麼原因了 Now We Know Why」，該刊在短文裡說，近數月來，未收到中國人民共和國的新郵資料，經該刊向北京中國郵票外銷公司詢問原因，獲得的答復是：「因為你們刊登中華民國郵票消息，所以停止供應任何新郵資料給你們，如果你們停止刊登，對你們的要求可以重新考慮。」林氏當局並不為其威脅所屈服，他們在文中說，該刊無意除去中華民國郵票的消息，他們的編輯及廣告的政策，不受任何外力的影響。由上述事例，可見他們對我們是如何的友好，值得我們感激。當年七月二十六日，阿摩斯出版公司發行人奧利華・阿摩斯先生(Mr. J. Oliver Amos)及副發行人威廉姆・阿摩斯先生(Mr. William T. Amos)兩兄弟，各偕其夫人來我國觀光三天，當時王總局長叔朋率同施、簡兩位副總局長、公共關係室黃主任紹丞、供應處潘處長安生及筆者均至機場迎接嘉賓。他們留臺期間，我與潘處長、黃主任及集郵中心侯副主任宛烽等陪同他們兩對伉儷，去參觀故宮博物院、國父紀念館，遊覽雙溪公園、龍山寺、孔子廟、圓山忠烈祠等，並參觀臺北郵局電子自動處理郵件設備、封裝服務、集郵窗口及儲匯營業廳等。同時專誠請他們在國軍文藝活動中心觀賞平劇，讓他們領略及瞭解我國國粹與文化。

建國七十年郵展後次年，林氏郵刊國際版主編董娜・歐琪芙小姐(Miss Donna J. O'Keefe)應本局邀請，於該年五月十八日來我國訪問六天。她是一位十分美麗文靜的淑女，氣質高雅。我們陪她參觀郵政博物館、中華彩色印刷公司、故宮博物院、郵匯局電子資料中心等，並在集郵處蔣曉瑛小姐陪同之下去花蓮太魯閣、天祥等地觀光，她回國後曾在林氏郵刊上發表了數篇訪問我國觀感的文章，對本局與林氏郵刊之間友誼的增進，更進了一步。

六月三日上午七時半，我與王處長乘車離達頓於九時半抵達雪尼，訪問阿摩斯出版公司及林氏郵刊，由該郵刊總經理Michael Lawrence及曾來我國訪問的林氏郵刊國際版主編歐琪芙小姐接待，我倆曾參觀該公司編輯、攝影、製版、印刷及發行等各部門，也瀏覽了一下他們的圖書館，本局出版的中國郵票目錄、中國郵票圖鑑、郵展選粹、紅印花郵票上編、大龍郵票封戳選輯等集郵書刊，均陳列在書架上，我們看到自己的書刊，感到非常的親切。在世界郵壇上極具權威性的司各脫出版公司(Scott Publishing Co.)，近亦為阿摩斯出版公司所收買，為該公司之附屬單位之一。因此我們也獲得機會參觀該公司編製一年一度世界郵票目錄的情形。我與王處長返國後，於七月間曾承司各脫出版公司總經理Mr. Wayne Lawrence由航空寄給我們一九八六年司各脫郵票目錄各一全套，共計五巨冊，第一冊為美國、加拿大、英國、大英國協及聯合國的郵票，第二冊為國名第一字母A—F國家的郵票，第三冊為G—O國家的郵票，第四冊為P—Z國家的郵票，另一冊則全係美國郵票。該目錄第二冊內將我中華民國發行之郵票列入China名下，位於清朝郵票之後，最後才是中華人民共和國之郵票。阿摩斯出版公司創辦人阿摩斯兄弟目前均已退休，聽到我們到臨，特由家中趕來與我們會晤，老朋友十年後重逢，與筆者互相擁抱，熱誠可感，相聚至歡，並攝影留念。哥哥為奧利華・阿摩斯，年逾八十，滿頭銀髮，弟弟威廉姆・阿摩斯，年齡當也接近八十吧！他倆身體仍甚健朗。弟弟威廉姆・阿摩斯還特地帶來一本照相簿，簿內照片是他倆兄弟伉儷於六十四年來我國訪問時本局攝影員所拍攝的照片，為當時王總局長叔朋，於他倆離去時所贈送留念者，由此可見他們對那次訪問，是如何的重視。中午承阿摩斯出版公司兩位發行人，林氏郵刊總經理、副總經理、歐琪芙小姐及司各脫出版公司總經理、副總經理等高階層人員，在一家風景區內西餐館歡宴我們，席間承他們送筆者及王處長特製紀念盾牌各一面，筆者一面上刻「Visit of JAMES C. M. HU to LINN'S STAMP NEWS, SIDNEY, OHIO, JUNE 3, 1986」等字樣，使我們受寵若驚，深受感動。可見他們對我們的往訪，十分重視，且早已準備，此種友情，值得珍視，並希望今後能繼續維持與加強。

原載七十五年八月「今日郵政」第三四四期

來臺二十五年憶舊

時光過得眞快，一幌眼，臺灣光復已二十五年，而筆者到臺灣，連頭尾也已過去了二十五個年頭，在人生歷程上，佔了重要的一頁，回首前塵，世事滄桑，不勝感慨。記得是民國三十五年春天，抗戰勝利後不久，筆者在杭州浙江郵政管理局服務，局方忽奉總局電令，徵求南京、上海、浙江三郵區赴臺灣接收郵政人員，當時是二十幾歲年輕小伙子，孤家寡人，無家室之累，又嚮往於臺灣寶島美麗的風光，和香蕉鳳梨等水果的引誘，乃毅然應徵。浙區同時應徵的共有十一人，現時除余學錦、潘月波兩位於大陸撤守前自請調返浙區，及當時領隊姚老先生天造早已作古外，尚在臺的有汪承運、毛奎吉、陳維星、阮齊國、劉紹忠、桃林章、林福珍及筆者等八人。

我們於三十五年五月十一日和上海及南京郵區來臺同仁共約七十餘人，乘招商局的八千噸海宿輪在上海啓碇，該船係貨輪，並無客艙設備，大家在暗無天日的底艙裡席地而臥，渡過兩宵。白天由於艙內悶熱異常，大家都至甲板上遙望海景，因初次乘巨輪航行海上，覺得既興奮又新鮮，看海闊天空，一望無際，間有海鷗翱翔其間，是一幅多麼美麗的圖畫啊！船上不供給伙食，大家以乾糧充饑。船行速度不快，到第三天（五月十三日）中午始駛抵基隆海港，已有郵界同仁在碼頭張旗歡迎，下船後隨即乘兩節火車專車直駛臺北。

到臺北後，浙、滬兩區同仁被安頓在東門町一所支局內，每人分配到一個小房間，地板是「榻榻米」，當時對房間內大壁櫥的用途尚未盡明瞭，有的同仁就將被褥鋪在壁櫥內中間格，當作床鋪睡覺。

我們對當時臺北的印象，只覺得市區內樹木蔥翳，高高的椰子樹，多氣根的榕樹，對來自溫帶地區的我們看來，十分新奇。香蕉西瓜香甜而便宜，吃得十分過癮。街上行人車輛稀少，汽車都是老爺破車，車燈十之八九，只亮一隻，戲稱之為「獨眼龍」，臺北車站尚有東洋人力車，可資乘坐。市區沒有現在大，羅斯福路及信義路一帶，荒郊一片，尚少人煙。市內還可以發現美機轟炸的傑作，今之總統府在那時是殘垣破壁，無人看管，我們曾攀登塔頂遙望過全市。比較熱鬧地區是衡陽街與延平北路，但商店櫥窗內的貨品很少。電影院只有大世界、國際、第一、臺灣及美都麗等幾家，木板椅，當然沒冷氣設備，既不劃座，也不清場。

光復初期，臺灣郵電事業，承襲日據時代舊制，合署經營。民國三十五年五月五日成立臺灣郵電管理局，督導指揮全臺郵電業務，當時在今日長沙街交通部大廈內辦公。局長是電方陳壽年先生，陳的後任是陳樹人先生。副局長兩人，郵電各一，郵方副局長為林步瀛先生，已於三十八年退休，電方是楊銘久先生，其後是方賢齊先生。副局長下設郵政電信及儲匯三處，蔣樹德先生任郵政處處長，亦已作古，儲匯處處長最初是陳維馨先生，陳處長旋即調返大陸，後由林維欽及鄭延傑兩位先生先後繼任。京滬浙三區來臺同仁，大部分被派往各地接管郵政，如浙區姚天造、汪承運、佘學錦及潘月波等四位同仁前往淡水，毛奎吉及姚林章兩位去彰化，筆者與林福珍小姐則隨同滬區馮軍聲先生到臺北貯金管理所去接收。

臺北貯金管理所係在植物園內今日的國立歷史博物館現址辦公，當時是一幢頗具日本風味的二層樓木造建築，瀕臨湖邊，樓上四周是玻璃窗，憑窗眺望，園內景緻，盡收眼底，夏秋之交，湖上是一片荷葉。當時的植物園，遊人稀少，綠草如茵，園內的道路是碎石路，甚少灰塵，故空氣清新，環境幽靜，附近尚沒有科學館及藝術館等建築物。該時貯金管理所所長是日本人佐藤貫一，所內員工有五、六十人，大部分爲省籍同仁，也有幾位日本人和琉球人，都經我們遣送回國。

原載五十九年十月「郵人天地」第八期

渡海來台五十年憶舊與感言

時光如駛，歲月不居，筆者由大陸渡海來台，轉瞬間已五十載於茲，五十年等於半個世紀，眞是不算短的日子，因人生有幾個五十年。台灣寶島五十年來，無論國家社會建設，經濟發展，都有莫大的改變，本文僅就所從事的郵政事業及生活起居，略作今昔比較，回首往塵，感慨良多。

憶民國三十五年五月，筆者應郵政總局徵召，偕同浙江郵區同仁姚天造、汪承運、毛奎吉、陳維星、阮齊國、姚林章、劉紹忠、林福珍、余學錦、潘月波等來台接收光復後之郵政，我們於滬會同江蘇及上海兩郵區調台人員共約七十餘人同乘招商局八千噸自由輪海宿號，於五月十三日抵達基隆港，受到熱烈的歡迎，搭乘鐵路專車到達台北，浙滬兩區人員多被安頓在東門町郵政支局單身宿舍內暫住，該處已於二十多年前拆除改建為郵務長公寓，已無往跡可尋。

我們於三十五年初抵台時，台灣郵電是合營的，各地郵電機構多合署辦公，營業廳與共，對外稱為郵電局。台灣郵電管理局係於我們到台前數日，即於五月五日成立，在台北市長沙街，今之交通部大樓辦公。台灣郵電管理局成立以前，台灣各地郵電業務由台灣省行政長官公署交通處屬下郵電管理委員會管轄，迨台灣郵電管理局成立後，該會即告撤銷。台灣郵電管理局首任局長爲電方陳壽年先生，副局長兩人，郵電各一，郵方爲林步瀛先生。局長副局長之下，分設郵政、電信及儲匯等三處，當時筆者係在郵政處業務科工作，業務科科長即爲甫於去年故世的郵政前輩應國慶先生。

五十年來的郵政事業，有莫大的改變，就郵政機構而言，我們於民國三十五年初抵台時，自辦及委辦機構共僅一、三一三處，目前已增爲一四、四二〇處，增加十倍以上。至於管理機構方面，台灣郵電管理局於三十八年四月一日起撤銷，分別成立郵政及電信兩管理局，實施郵電分辦。六十九年九月一日起，台灣郵區擴增爲台灣北、中、南三個郵區，同日起撤銷台灣郵政管理局，分別設置台灣北區、中區、南區三所郵政管理局。郵政總局係於三十八年八月廿二日由大陸撤遷來台，而郵政儲金匯業局留守人員則於同年十二月十日抵台，惟奉行政院令示：「保留名義，裁撤機構。」儲匯局後於五十一年六月一日奉准於台北市復業，在郵政總局之下，管理指揮台灣儲匯業務。

在郵政員額方面，民國三十八年四月一日台灣郵政管理局成立時，共僅三、〇八六人，副郵務長以上人員，更如鳳毛麟角，少之又少，郵務長只一人，副郵務長爲十人，與目前員工總人數二七、四一〇人，郵務長六十人，副郵務長二八八人相比，增加甚多。

說到各項郵政業務，五十年來由於社會安定，經濟繁榮，增加至爲迅速，其中尤以郵政儲金業務爲甚。國民通信率爲衡量一國教育及經濟發展水準之指標，台灣光復初期，民國三十五年國民通信率僅五件，至八十四年已增至八九·八五件。又民國卅五年收寄函件總數爲二八、七四〇、八〇〇件，至八十四年增爲二、一四一、五三三、一四五件。郵政儲金方面發展最爲迅速，民國三十五年，儲戶總戶數僅二、三五四、七二四戶，至本年（八十五年）四月四日激增至二千五百四十七萬餘戶，已超過目前台灣總人口二千一百萬人甚多。而儲金結存額，民國三十五年則由舊台幣折合新台幣僅爲九千八百多元，激增至八十五年四月四日之新台幣二兆八百七十九億餘元之天文數字，兩者相較，何啻天壤。

台灣五十年來，一般生活起居也有甚多改變，就住的方面而言，我們初來台時，多爲日式木造平房，榻榻米紙門，居住別有風味。台灣光復由日人接收而來的房屋，依照房舍大小及榻榻米席數，分爲「信」「義」「和」「平」四種等級，當時政府就職位高低及家庭人口多寡分配給公教人員居住，筆者曾配到一幢「和」字級的房屋，在台北市同安街，曾居住了不少年。當時台北市建築以台灣總督府，即今之總統府及衡陽路之新台公司最爲高大雄偉，今則日式住宅多已改建爲高樓大廈，而三十層以上建築物已有甚多幢，最高者爲四十六層的新光摩天大樓。

關於行的方面，改變亦多。當時台北市內汽車甚少，汽車多是老爺車，車前燈不少僅亮一隻的，摩托車不多見，一般人多騎腳踏車，在台北車站前尚有日式手拉黃包車可僱用。到外地則多靠鐵路交通，台北新店及台北淡水均有火車行駛，後來該兩線鐵路均被拆除了。該時景美至木柵及烏來山區，尚有一種特殊交通工具叫台車的，用人力在小鐵軌道上推拉，車上僅可坐數人，此種交通工具目前已不復可見。時至今日，台北市汽車、摩托車衆多，交通時遭阻塞，紊亂不堪，因此政府在積極建築發展捷運系統中，與五十年前已不可同日而語。

五十年前由上海同舟來台的江蘇、上海、浙江三郵區七十多位同仁，迄今不但已全部屆齡退休，且有不少位，已不幸去世作了古人，現尚健在的，皆已年逾古稀，而髮蒼蒼，而齒牙動搖的老翁了，回首往昔，眞不勝感慨唏噓。今後僅衷誠希望，禱祝我們的國家社會，能繼續安定繁榮，海峽兩岸能和諧相處，郵政事業能賡續發展進步，而我們尙存世的老同事們，能身體健康平安，各安享餘年。

原載八十五年五月「郵人天地」第三一五期

憶新店翠園

翠園是郵政儲金匯業局於民國四十九年年初，奉准在臺籌備復業初期的辦公處所，位於新店獅頭路一三六號（今已改名爲檳榔路三十六巷十九弄九號），瀕五峰山山麓，環境幽靜，園內樹木扶疏，綠草如茵。有平房數幢，作爲儲匯局辦公之用，各房屋相互間有走廊相連接。

筆者有幸，於四十九年二月間，由臺灣郵政管理局秘書室，奉調儲匯局，參與籌備復業工作，曾在翠園年餘。光陰荏苒，迄今已過去了二十三個年頭。草撰此文，頗有白頭宮女話當年之感。

回溯民國三十八年，大陸沉淪，儲匯局經廣州、香港撤遷到臺灣，業務陷於停頓狀態，惟臺灣地區各級郵局，仍依原有規章辦理儲匯業務，對社會公衆並無影響。

三十九年六月，儲匯局層奉行政院令：「保留名義，裁撤機構」之指示，組織員額方面，力求緊縮，人員僅保留七名：局長何縱炎、副局長許季珂、主任秘書王叔朋、秘書應國慶、會計處副處長蔡其壽、課長吳浴生、總務處課長簡爾康。

至四十八年十一月，儲匯局奉行政院頒發復業案十二項指示，自次年元月起，即開始籌備復業工作，在新店翠園辦公。在籌備期間，暫設秘書室及總務、業務、會計等三處。記得當時除局長仍爲何縱炎先生（此時已升任郵政總局局長），仍兼儲匯局局長），主任秘書仍爲王叔朋先生（兼任郵政總局人事室主任）外，副局長爲傅德衛先生（兼任郵政總局視察長），總務處處長爲吳浴生先生，副處長爲許道中先生，會計處處長爲陳潤東先生，業務處處長爲芶清如先生，筆者濫芋充數，任業務處副處長。其他參與復業工作的尙有李彩英、陳維樑、林宜棟、陳寶珠等。

到是年九月，因業務需要，業務處劃分成立爲儲金、匯兌及營業等三處。儲金處處長爲應國慶先生，營業處處長爲曹啓元先生（至該年十二月調任臺灣郵政管理局局長，營業處處長似由應國慶先生兼任），芶清如先生及筆者改調匯兌處分任處長及副處長。另成立安全室，由陸勝揆先生任主任。由於籌備復業工作之積極展開，事務增繁，因之陸續增調人手前來翠園協助工作者計有：顏永淼、韋金中、夏荷生、馬勤華、黃振治、李逢祥、邱美月等。

當時郵政總局在新店獅頭路五十號辦公，與翠園相距不遠，其間有羊腸小道可通，路旁有一小溪。總局設有食堂，而儲匯局則付闕如。因之儲匯局同仁於每日中午，除自帶便當者外，都步行到總局食堂去用午餐。總局及儲匯局同仁，用膳時濟濟一堂，十分熱鬧。猶記得食堂掌廚的名張家豪，胖胖的個子，身體相當結實。他燒的米飯，是先用水煮，然後將米撈起後再蒸，所以吃起來特別香甜可口，可以多吃幾碗。在廚房幫忙的還有一位十分老實的工友王依當及退伍軍人李鈿、田世全等。

翠園入口處有一間小屋，爲翠園門衛所居住。說起這位門衛，大有來頭，他名叫劉德貴，是辛亥革命武昌首義的同志。他孤家寡人，一個人住在斗室裏。瘦瘦的個兒，爲人和善，當時已逾花甲之年。

他與不少位黨國元老有交情，他的小屋裏的牆上，掛滿當今黨國要人所書寫的對聯立軸。筆者曾承他主動的爲我求得若干幅要人的墨寶，熱誠可感，惜劉君已物故多年。

我們在翠園辦公時，有一事頗值一提。即曾以郵政儲金匯業局的名義，參加五十年一月一日至十五日，行政院美援運用委員會工業發展投資小組所舉辦的「加速經濟發展展覽會」，該展覽會展出的目的，乃在宣揚政府加速經濟發展，改善投資環境，展出地點在臺北市新公園臺灣省立博物館。儲匯局在會場設置了一座美侖美奐的服務亭，爲參觀公衆辦理儲匯、壽險、代理等業務。經愼重遴選外表秀麗的韓菖芳、陳玲玲、周雪芬、李美足、張鴻智、童垚、簡朝子等七位小姐在服務亭工作。先總統蔣公偕夫人曾於元月十七日下午五時半蒞臨我們的服務亭，使我們感到無限的光寵。記得那天先總統蔣公頭戴呢帽，身著黑色大氅，手持司的克，神采奕奕，面露慈祥的笑容，我們服務亭的小姐及人員，均肅立向我們敬愛的元首暨夫人致敬，並購呈A二九〇六五及二九〇六六號十元郵政定額儲金存單二張，以表示崇高的敬意，此時各報攝影記者紛紛湧進我們的服務亭搶拍具有歷史性的鏡頭。其他政府高級官員光臨服務亭作示範儲蓄的有陳副總統辭修、當時交通部沈部長怡及臺灣省政府周主席至柔等。儲匯局參加此次展覽，可說是相當成功的。

儲匯局曾於四十九年十一月十七日在臺北市開封街動工修建四層樓辦公大樓一幢，於次年七月十四日完工，共費工程費新臺幣三、〇二六、四六五元，我們即於該月由翠園遷到新大廈，與郵政總局合署辦公。當時依照交通部對儲匯局業務重行全盤籌劃指示處理方針的規定，儲匯局安全室於五十年八月十六日裁撤，有關保防業務改由郵政總局安全室兼辦。同年九月一日又將儲匯局秘書室、總務處事務歸併於總局相關單位兼辦，儲匯局會計處處長則由總局會計處處長兼任，以資精簡。

筆者於五十二年九月奉調郵政總局總務處，脫離了儲匯局陣營。不意二十年後，又調來儲匯局工作，人生際遇，實難逆料。廿餘年間，變化甚大，就業務方面而論，民國四十九年，即儲匯局奉准籌備復業那一年，郵政儲金戶數僅二八二、九〇七戶，結存額僅新臺幣三九二、九一九、四二三元（內郵政存簿儲金戶數爲一九〇、八三六戶，結存額爲新臺幣九八、三五九、三二七元），而二十年後之今天，七十二年六月底統計數字，儲金戶數已達一二、六三〇、三四八戶，結存額已達新臺幣二八六、二七八、九八八、〇〇〇元（內存簿儲金戶數爲七、七七二、四一〇戶，結存額爲新臺幣二〇三、四七〇、八五一、〇〇〇），兩相比較，何啻天壤。至於人事方面，籌備復業時期，工作人員不過約廿餘人，而今日儲匯局員工共達八百餘人。當時參與籌備復業同仁，傅德衛及吳浴生兩位長官已作古人，其已退休及告退郵政先輩計有何縱炎、王叔朋、應國慶、曹啓元、陸勝揆、陳潤東、茹清如、許道中、顏永淼、李彩英、韓茁芳、馬勤華等。人事滄桑，不勝感慨。

筆者曾於日前乘閒前往新店翠園憑弔，園之四周，已爲新建公寓高樓所圍困，人車喧雜，無復往日幽靜環境。入園處門衛劉德貴住過的小屋，諒已拆除，已無蹤跡。園內雜草叢生，前曾作爲辦公的平房，多已破舊塌圮，現由退休工友劉秉彝負責看守。撫今追昔，爲之低徊不止。

原載七十二年七月「郵人天地」第一六一期

研習法文憶舊與感言

法文在郵政事業裡是相當重要的，因郵政爲一寰宇世界性通信事業，與各國郵政關係密切，爲萬國郵盟的一分子，與郵盟間往來文件與聯郵業務單式等莫不用法文，國際郵政公署寄來的公文以及書刊等，均以法文爲主，因此法文爲國際郵政間使用的法定語文。

萬國郵政聯盟每五年舉行一次的會員大會，以及郵盟附屬機構，如郵政研究諮詢委員會每年一次的理事會議，以及郵盟執行暨聯絡委員會每年一次的例會，會議文件及會議所用語文，均以法文爲主，我郵主管聯郵部門及派赴上述郵盟會議人員，如不熟諳法文，如何能處理聯郵事務，於會議中又如何能折衝樽俎，爭取權益，是以不但向外招考高級郵務員必試外語科目中，除英文外，尙可選試法文，以吸取法文人才，同時在現職郵政人員中，設立法文補習班，以資培訓。

憶民國四十一年間，郵政總局即爲培訓法文人才，首次在台設立法文補習班，招由現職人員志願報名參加，禮聘當時審計部審計王培原先生擔任講師，王審計留學法國，精擅法文，班址設在台北市長沙街交通大廈郵政總局會議室內，每週上課數次，記得參加學員有：靳榮富、雷治華、徐其玉、王法仁、葉茂、林浩、莊祈讚、潘安生、汪承運、林志夏、林瑜瓊、劉紹忠及筆者等十餘人，結業時曾與王講師合攝照片留念。合影時影中人多是翩翩年少，而迄今不特已全部屆齡退休，垂垂老矣，且有不少位已作了古人，如靳榮富、雷治華、徐其玉、王法仁等，而葉茂與劉紹忠兩位，則遠適異國，相見爲難，此照仍珍藏在筆者相篋中，每一睹及，輒爲之神往與感慨，唏噓不已。

筆者除參加局方所設法文補習班外，尚於公餘在台北市震旦語言中心進修法文，與幼愚、志夏兩兄爲伴，也歷有數年。民國五十三年，教育部成立歐洲語文中心，招考培訓歐語人才，中心主任爲教育部高教司司長張兆博士，中心係借用台北市羅斯福路台灣大學教室，於晚間上課。筆者與幼愚、志夏兄等均曾考進中心研習法文，在法文科進修班結業。

我們研習法文，雖然花了不少心血與苦功，但似乎並沒有白費，於以後公務處理上，多少派上一點用場，例如晏星兄曾奉派於民國四十八年六月間赴西歐研考郵政及儲金業務，在法京巴黎五個星期，所學法文得學以致用。祈讚兄後任郵政總局聯郵處處長多年，更有施展法文之機會。至於筆者，則有幸於民國五十七年，任郵政總局總務處副處長時，獲選爲聯合國技術協助一九六八年擴大方案獎補金候選人，赴法國研習郵政六個月。該項獎補金郵政總局原爲筆者好友幼愚兄所申請，及至獲得聯合國核准時，幼愚兄已逾聯合國規定獎補金候選人年齡在五十歲以下之限制，無法成行，總局乃改派筆者抵補，法語面試亦幸獲通過，主持法語面試者爲曾任立法院院長張道藩氏之法籍夫人，聯合國原派筆者去法國研習郵政半年，惟當時法國已與我國無外交關係，入法簽證遲未獲得，雖曾請筆者法語老師傅、黎兩位法籍神父協助，亦未成功，國際郵政公署乃安排改派筆者赴尚與我有邦交之比利時研習郵政半年，比國亦為法語國家，筆者苦學數年之法文，尚能應付。我於是年四月十二日由台北啓程，十四日抵達比京布魯賽爾，於十月十日研習完畢返國。在比國六個月，由於當時聯合國獎補金數至為低微，每日僅美金九元，包括食宿及交通費在內，因此住不起一般旅館，只好住宿於家庭旅館裡，法文稱為「Pension」的，此種旅館取費較為低廉，多為退休或孤獨老人長期住用，宿費包括早晚兩餐。我在比國研習半年結束時曾以法文撰寫一本研習報告，由郵政總局寄送國際郵政公署。

我們一起研習法文的幾位老友，還為當時郵政總局中譯國際郵政公署發行的「郵盟月刊 Union Postale」，略盡棉薄。該月刊共用法、中、英、西、德、俄、義等七種文字刊行，惟以法文為主，其他文字則由法文迻譯而來，中文亦為其中之一，但中文部分係由公署就地覓華人翻譯，譯文欠佳，甚至文意不明，往往令人無法卒讀，且以手寫影印刊出，字跡潦草，頗影響我郵聲譽，郵政總局乃向國際郵政公署洽商，獲得同意，由公署將法文原稿寄我郵負責譯為中文，並以楷書排印後再寄回公署刊出。此項翻譯工作由當時郵政總局視察長邱信亮先生主持，執筆擔任迻譯工作的同仁，就記憶所及有潘安生、張翊、莊祈讚、林志夏及筆者等數位。上述郵盟月刊中譯工作繼續了甚多年，直至民國六十一年，我郵退出萬國郵盟為止，始告中斷。此一陳年往事，也已過去二十多年，除當時主持郵盟月刊中譯工作的邱公信亮，早已歸道山外，其餘協助迻譯事務上開幾位老友，幸均尚健在，老境彌佳，謹禱祝他們身體康泰，福壽綿綿。

原載八十七年三月「郵人天地」第三三七期

憶漢口街時的母校

我的母校是東吳大學，其法律系在我國是頗著聲名的，造就的法界人才衆多，對國家有卓越貢獻。在大陸時，有所謂「北朝陽，南東吳」之說，即說明在法律方面的著名大學，北方是朝陽大學，南方就是我的母校——東吳大學，筆者深以能列其門牆爲榮。

民國四十三年夏，母校法學院在臺灣省臺北市正式復校，向外招生，筆者應考法律系，僥倖錄取，於是年十月正式上課，四十七年畢業，迄今已二十餘寒暑。

當時的校舍設在臺北市漢口街一段十五號，是一幢三層樓的房子，一切設備因陋就簡，與目前在外雙溪美侖美奐的校舍與設備相比，何止天壤。教室內並無冷氣設備，夏天上課，悶熱難當，還有蚊蠅叮人。次年，一部分法律系學生，曾在博愛路立大祥綢布莊樓上上課，街上汽車的喇叭聲，常使人聽不清楚台上的老師在講些什麼。

當時法學院院長爲陳霆銳博士，戴著一付深度的近視眼鏡，在職一年即離校，由曹文彥博士繼任，曹院長溫文爾雅，對學生至爲親切，四十六年六月後因其奉派駐美文化參事而辭職，接任者爲石超庸博士，石博士接任對校務銳意整頓，力求擴充，校譽蒸蒸日上，獲得同學們一致愛戴，我是在石院長任內畢業的。

法律系主任是呂光博士，他所延聘的教授，可說都是當時法界權威學者，如行政法馬壽華先生、民法篇史尙寬先生、刑法趙琛先生、勞工法包華國先生、羅馬法金世鼎先生、中國法制史陳顧遠先生、刑法總則及刑事訴訟法陳樸生先生、民事訴訟法黃亮先生、英美法姚淇清先生、商事法梅仲協先生、法學緖論管歐及桂裕先生、證據法李學燈先生、民法物權陳珊先生、破產法汪禕成先生、民法親屬篇葛邦任先生及監獄法裘朝永先生等，均爲一時之選。但目前泰半老師業已故世，令人不勝懷念與悼惜。

母校在漢口街時期，沒有運動場地，上體育課時，不得不借用其他學校的操場，夜間部學生，則利用星期日上午上體育課。當時的軍訓總教官爲張慕賢上校，還有一位教官胡定國上校，因爲個子矮小，我們都叫他小教官，他管理學生很認眞，大家也很敬愛他。軍訓實彈射擊，記得是在一個星期日上午去三張犁打靶，大家既興奮又緊張，尤其是女同學們，第一次摸到槍，有的害怕得手足無措。

母校對優秀學生的獎助甚爲重視，每班第一名獎學金額達新臺幣三百五十元，在當時是一筆不算少的金額，因筆者是時在臺灣郵政管理局任秘書，月薪僅約千元，我有幸曾數度獲得是項獎學金，後因連續數學期成績優異，蒙校方於中山堂公開頒賜獎狀，並推薦入斐陶斐榮譽學會爲會員，實爲終生殊榮。

母校在歷任院長、校長及教職員們二十餘年的辛勤努力與慘憺經營下，在外雙溪建有精美校舍，卓然有成，譽滿中外，爲學生者莫不感到無限光榮與欣慰。

原載東吳大學八十二週年校慶特刊

鴻鱗集二期出刊感言

母校東吳大學集郵筆友社，在歷任愛好集郵的社長及同學們熱心推動之下，不但每年於校慶日舉辦郵票展覽，郵展規模及內容一次比一次宏大而充實，而且自去春起更上層樓，創刊「鴻鱗集」切磋郵學，身爲校友，無任欣喜。

筆者係於民國四十三年夏在台北市考入東吳大學法律系，爲母校在台復校第一期畢業生，迄今瞬已三十四寒暑。說起母校的法律系，在我國是頗著聲名的，造就的法界人才衆多，對國家社會有卓越的貢獻。往昔在大陸時期，有所謂「北朝陽，南東吳」之說，即說明在法律方面的著名大學，北方是朝陽大學，南方就是我的母校——東吳大學，筆者深以能列入其門牆爲榮。

筆者服務郵政事業垂四十二年，其中在集郵崗位上爲集郵人士服務與集郵結不解之緣的歲月，計八年三個月零五天，折算日子共達三千多天，於其間對母校舉辦的郵展，莫不就力之所逮，儘量予以協助支援，並一定前往參觀學弟們的作品，給在校同學們以精神上之鼓勵，除非因公出國，絕不例外。

去年三月一日，筆者屆齡自郵政總局副局長兼郵政儲金匯業局局長任內退休，承母校集郵筆友社致贈銀盾一座，上鐫「東吳之光」四字，並將鴻鱗集創刊號提前於筆者退休之日出刊，以爲紀念，眞令人愧不敢當，深感榮寵。際茲是刊第二期行將印行，爲應主編之囑，用綴數語，聊表鄙人衷心誠摯祝賀感謝之忱，並禱祝母校集郵筆友社日益壯大，前途無量。

原載七十七年四月鴻鱗集第二期

憶念紹中母校的良師們

筆者有幸，於民國二十五年至三十年間，在浙江省立紹興中學就讀五年，其中初中為二年，三年為高中，並為高中部第一屆畢業生。在這五年受業過程中得到母校不少良師的教誨與薰陶，無論於學業及為人處世，獲益良多，終生銘記難忘。雖事已隔半世紀以上，對良師們的循循善誘、嘉言懿行及音容笑貌，歷歷如昨，至今記憶猶新。値茲母校成立九十八周年之慶，謹就記憶所及，草此蕪文，以示對他（她）們的追思與感念。

筆者在紹中五年期間，校長為沈師金相先生，他辦學認眞，管教嚴格。在他主校期間，增建校舍，更新桌椅，充實師資，成績斐然，使母校成為浙江省第一流中學。沈師為人治學，於最近出版的《沈金相先生紀念集》中，各師長及校友，多已為文描述，因此本文不擬贅陳。

母校的老師，可說均為一時之選，廣受當時社會人士之敬重。我欲憶念的第一位老師，是章師魯瞻先生，他是諸暨縣人，為一位德高望重的長者，筆者受業時，他已逾花甲之年，但身體健朗，精神矍鑠，持躬儉約，他教我們公民課，在課堂中不苟言笑，獲得同學們一致的敬畏。章師曾遊學日本，任教母校近二十餘年。在筆者入校前，曾任訓育主任，管教學生，極爲嚴厲，聞有「閻羅王」的雅號，使學風不振。沈校長爲酬庸他對學校的貢獻，特於校中立碑紀念。

教我們國文課姚師軒卿，對我的印象最爲深刻。因我的別號「近仁」，及筆者以後塗鴉，在報刊上撰文所用筆名「伯椿」，均承姚師命取。前者「近仁」，諒係從我的本名「全木」而來，取法乎四書中「木訥近乎仁」之句。至於「伯椿」姚師或鑒於筆者爲長子，又五行缺木的聯想而擬定。數十年來，每使用上述別號與筆名，輒感念姚師不已。姚師身材魁偉，頭大如斗，爲人正直善良，持身克勤克儉。他不但國學根基深厚，對新文化亦頗有素養。他所教古文與著名詩詞，要我們能倒背如流，在學時雖深以爲苦，但日後於寫作時，即感獲益匪淺。姚師批改作文，認眞而仔細，錯字別字，絕難逃其法眼。他並要求同學們於課餘能勤練書法，他自己寫的則是一手顏體字，渾厚蒼勁。母校於民國二十八年疏遷諸暨楓橋花明泉何家祠堂上課，我班讀書會同學，曾與姚師合攝一影，他坐在前排中間，其右爲孫霄舫與筆者，其左則爲金發燊與童降岳，後排站立的，由右至左依次爲裘愉申、張耀康、毛隆基、金孟達與俞九生。此照雖已隔五十多年，幾經戰亂遷移，筆者仍予珍存，未敢丟失。姚師於一九四八年故世後，其掌珠越秀女士，將珍藏四十多年的姚師隨筆兩本，共九十一篇，經張耀康學長之協助，於一九八九年出版「蠡高隨筆」一本，卷首次頁即刊印上述照片，誦讀姚師隨筆，深覺姚師有強烈愛國情操與民族氣節，發揚中華民族的傳統美德，實値我儕後輩之效法與欽敬。

我們的英文老師有兩位，即周有之先生與范崇照先生。周師教學，除課本外，還有許多課外作業，要我們熟背生字及成語，並以成語造句。每堂課最後十分鐘，總留作同學們練習造句之用。常常下課鈴已響，而我們仍伏在案上作業，因此遲延散課是常事。此種練習，對我們日後英文寫作，頗多助益。周師上課時，常身靠同學的課桌，作金雞獨立狀，此一姿態，至今猶深刻腦際。范師崇照個子較矮，教課也認眞嚴格。他們兩位爲全校同學一致愛戴的英文好老師。

石師雪岑是我們高中時的數學老師，執教大代數與解析幾何，他木訥孤言，生有一對招風大耳，是石師唯一的特徵。教我們初中幾何代數及高中物理的則是一位女老師，芳名徐馴寶，畢業於浙江大學理學院，當時她青春年少，雲英未嫁，與范師崇照及教歷史課的仇師維燾，似較莫逆。徐師於課堂上分發試卷次序，恆依照成績，而筆者於幾何代數考試常獲滿分，頗有榮譽感。她的此種作法，似有激勵同學努力用功之向上心。徐師後來也來到了台灣，曾在台中市任教，於二十多年前，筆者曾與初中同班學長阮齊國兄專誠探尋過她，惜未找到，聞已作古。

教我們化學課程的老師，先後有壽師棣績與徐師俠君。有一次，在紹興本校化學實驗室做實驗時，壽師曾不愼爲化學藥品之突然爆炸，而傷及臉部，燒去部分眉毛，而震驚全校。徐師則教我們高中化學課程，該時已疏遷到諸暨楓橋花明泉何家祠堂上課。他子女衆多，家累甚重，抗戰時期，教師薪津微薄，生活清苦，俯蓄爲艱，徐師後竟服砒霜自盡，實深憐憫。

高中時的生物學老師，是潘錫九先生，他頗著名望，來母校以前，曾在省立杭州一中任教生物多年，他對課本內容，滾瓜爛熟，上課時無庸看書，所教又能旁徵博引，講解生動而清晰，甚獲同學們的敬佩。母校遷嵊縣廿八都時，曾任高中部主任。

李師鴻梁是我們的音樂老師，他上課時甚少講話。他的繪畫與書法，在紹興相當聞名。深記得有一年，他似應縣府教育當局的請求，畫了一巨幅孔子像，從三樓教室屋檐垂掛下來，陳列了好幾天，令同學們嘆爲觀止，李師亦曾任母校漓渚分部及廿八都主任。

勞作課爲同學們所喜歡者，因可少用腦筋，並能玩鋸弄鉋，製作實用物品或玩具，增加手藝技能。任教老師是朱培生先生，他爲人頗富正義感，疾惡如仇，對一般國民道德淪喪，社會上寡廉鮮恥情事，深惡痛疾，在課堂上時加抨擊，頻發牢騷，同時勸誘我們將來要做一個守法安分的好國民，對國家社會善盡職責。

來台灣的母校老師，就筆者所知，除徐師馴寶外，尚有闞師鎬曾與徐師善濤。闞師教我們初中地理，他在黑板上寫的粉筆字，工整秀麗，爲我所喜愛。闞師身材不高，戴一副眼鏡，道貌岸然，是一位正人君子，他來台後曾在台北市近郊木柵國立政治大學任教。於三十多年前，在台北紹中校友，曾宴請他一次，並合影留念，記得參加校友有：鍾秀淵、潘志奇、呂健甫（改名爲天行）、阮齊國、陳衡（改名爲魯今）、趙家鶱、宋華楨及筆者等，其後久無聯繫。

徐師善濤則是我們高中時的軍訓教官，他於民國三十九年來台，曾任陽明山管理局兵役科長及台東縣政府秘書，早已退休，在台東養老，現已高年八十餘歲，身體至爲健康，眼明耳聰，旅台校友每年春節在台北聯歡餐聚，他均遠從台東乘飛機前來參加，令人感佩。客歲春季，筆者偕內子去台東旅遊，曾專誠訪謁徐師，蒙熱誠款待。他居處在田畝之中，竹籬精舍，樹木成蔭，環境幽靜，空氣清新，園中種有果蔬，並有一池，池邊植樹有垂楊，養有五色錦鯉魚，享有田園之樂。

母校其他良師尚多，如體育主任屠師鎮川等，未克一一盡述。

原載浙江省立紹興中學「百年校慶」第一期

憶母校嵊縣縣立二戴中心小學

筆者高小畢業時的母校，是嵊縣縣立二戴中心小學，校址在嵊縣縣城內。於六十年前，筆者就讀時是一所聞名全縣的績優小學，與縣城裡另一所私立剡山小學，同爲故鄉子弟們所競相欲進的好學校。

說起二戴小學的歷史，要遠溯到前清時期，原稱二戴書院，至光緒二十九年(公元一九〇三年)，改稱爲縣立二戴高等小學堂，民國元年，始稱爲縣立二戴高等小學校。民國廿八年，爲避日機空襲，曾疏遷至鄉下慕堂村上課，並更名爲城東城西聯合中心國民學校，到民國三十一年，嵊縣淪陷，校舍被毀停辦，誠屬可惜。

筆者家鄉是在嵊縣西鄉，一個戶口僅百餘戶的小村落，村名雖叫「宋家墩」，但住戶除少數一、二戶外都姓胡，可說是胡姓族居之地。幼年時村內只有書塾，並無小學，因此於六歲時，先祖父送我到崇仁鎮二姑婆家，就讀玉山公敬承初小。初小畢業後即至縣城進入二戴中心小學續學。當時因鄉下土匪猖獗，地方不靖，先祖父母避難到城裡，租一民房，帶我同住，走讀上學。

記得我讀二戴高小時，校長是張間先生，身材魁偉，望之儼然，爲人和藹慈祥，深爲同學們所敬畏。他辦學認眞，管教嚴格，所聘師資，十分整齊，校風良好。筆者於民國二十一年就讀時，當年全縣各小學會考，母校名列榜首，可爲明證。

袁雄杰先生，曾是筆者的級任導師，個子矮而壯碩，圓圓的臉龐，常年剃一個平頭，容光煥發，雙眼炯炯有光。教導學生，相當嚴厲。上課時恆常手執籐鞭一根，遇學生不聽話，嚴重犯規時，會賞你一鞭，用資訓誡，因此同學們多十分怕他。袁老師於嵊縣淪陷中共前，做過最後一任嵊縣縣長，淪陷後與中共游擊，及至大陸情勢逆轉，才撤遷舟山，隨軍轉進來台，補上國民大會代表，對國家實施憲政改革，卓具貢獻。筆者在台北時，曾造府拜謁，致候問安，暢談往事，惜已於三十年前作古。

筆者高小同班同學，來台的好像只有裘萬鑫與錢積彭兩位，或許還有其他人，但因沒有聯繫，無法獲知。裘學長是崇仁鎭人，他臉部的特徵，是雙眼特別小，即所謂「瞇瞇眼」。他爲人四海而慷慨，善交際，豪於飲，人際關係不錯。來台初期曾一度從商，經營過煤球生意，後來聽說到台灣電力公司任土木工程師。他終生孤家寡人，未曾結婚，我們僅見過一、二次面，聞已於六、七年前不幸在台東故世。至於另一位錢積彭學長，則爲長樂人，住校時個子不高，排隊時不是在前幾名，即是殿後幾名。個性內向，沈默寡言，讀書倒頗爲用功。畢業後五十多年來與他從未碰過面，僅從同鄉們口中，及在報章上報導，他也到了台灣，竟已是位聞名原子核能專家，曾任中山科學院核能研究所所長，聞亦不在人世，不勝浩嘆。

筆者於民國二十三年在二戴高小畢業後，即遠赴杭州進入私立清波中學，越年於初二時，轉學到浙江省立紹興初級中學就讀。初中畢業那年，適逢抗戰軍興，當時浙省教育當局，鑒於紹屬八縣，竟無一所省立高中，可資收容紹屬各縣及由浙西逃難流亡的初中畢業學生，應民間殷切要求，在省立紹興中學增設高中部，師資多由初中部老師升任，因紹中初中部辦學成績優異，全省畢業會考，屢獲前茅，各科教師，可說均爲一時之選，執教高中課程，率多游刃有餘。高中部第一屆招生，名額僅五十名，而應考者衆多，競爭十分劇烈，筆者有幸，僥倖獲得錄取，且名列榜首，得到公費獎學金待遇，除學雜費全免外，尚供應膳宿及盥洗用具被單枕套與制服等。筆者之能於是次考試中獲售，而有好的成績，蓋因招生試題，多由初中畢業班老師所出，在所讀過的課本範圍以內，因而佔不少便宜，獲得高分。錄取名單曾在報上發表，各縣皆知。筆者於高中入學前，有暇特至母校二戴小學訪舊謝師，蒙在校老師的熱誠款待，留吃午餐，無任榮寵，此事雖已逾三分之二世紀，猶歷歷如昨，迄今銘記難忘。

原載八十一年七月「嵊訊」第十期

遊台東訪謁徐師善濤

——清和小築，田園之樂

徐師善濤，浙江平湖人，生於一九一〇年。爲浙江省立紹興中學旅台師長中，碩果僅存的一位，筆者爲此文時，徐師已高年八十一歲，現居台東市。

一九九一年四月中旬，筆者夫婦有台東三日之遊，乃乘機專誠訪謁徐師，蒙熱忱款待，饗我佳餚，豐盛而美味，其中有徐師自己飼養的烏骨純土雞，鮮美無比，爲餐館中所難嚐到的。席設於進門處遮蓬下，陽光和煦，春風徐來，令人陶醉。與徐師對坐，促膝憶談往事，暢飲馬祖東引大麴佳釀，眞無限歡樂。

徐師居處，在田畝之中，竹籬精舍，環境幽靜，空氣清新，交通便利，其家園佔地二百四十餘坪。據徐師言，係於一九七三年以新台幣五萬元購得者。退休後於一九八〇年自建房舍一幢，取名「清和小築」，以大理石金色刻字，橫嵌大門處牆上。該項命名，師稱係淵源其祖襲「清和堂」而來。徐師另以紅紙書寫楹聯：「家居白日青天下，人在春風和氣中。」上方橫軸爲「殷憂啓聖創中興」，是何等的胸懷！令人欽敬。

徐師家園，樹木成蔭，果蔬雜陳。果樹有芒果、枇杷、石榴、椰子、荔枝、香蕉、蓮霧等，還有玉蘭花及桂花樹，風過處清香撲鼻。蔬菜則有小白菜、包心菜、葫蘆、果瓜、蔥、韭等，此外，還養有雞、鵝、鴨、犬等家畜。園內並有一魚池，池邊植有垂柳，五色錦鯉魚，悠游其間。進門處附近樹蔭下，懸一鳥籠，內有鸚鵡一對，似在迎客。總之，徐師居處，恬淡寧靜，鳥語花香，不特具有田園之樂，並享有都市之利便，何啻天上人間，處此環境，能不享高壽者幾希。徐師雖已八十許人，但身體健朗，精神矍鑠，眼明耳聰，猶能騎機車，馳騁市區，不輸年輕人，徐師家庭和諧，生活美滿，令人豔羨。

原載八十一年「新芽」

我也憶蓋竹

今年三月份交通建設月刊郵政紀念日專輯上，登有幼愚先生的大作「我憶蓋竹」，拜讀後也引起我無限的感觸，用撰此文，聊以狗尾續貂，並就正於幼愚先生。

回溯民國三十一年，時處抗戰時期，浙江大部分縣分陷於敵手，浙江郵政管理局辦事處搬遷到浙江最南端的龍泉縣境內，與福建接界。時筆者就讀於國立浙江大學龍泉分校理學院，無意中在報上看到浙江郵政管理局招考乙等郵務員（即今之郵務員）一百名的消息。按「郵政」這行業，在戰前爲一般人所嚮往而稱道的「鐵飯碗」，不但待遇優厚，且終身有保障，但要考進郵局，並非易事。當時筆者隻身在龍泉求學，家鄉淪陷，經濟接濟不無困難，今遇郵局招考，姑往一試，幸報名應考者僅數百人。蓋在戰時郵政待遇已大不如前，青年人又在蔣委員長即今總統「十萬青年十萬兵」的號召下，多投筆從戎，因此投考郵政者並不甚多，得能輕易錄取。記得當時錄取乙等郵務員一百名中，八十七名是由郵局內部業務佐考上來的，外界考進的則僅十三名，今總局汪處長即與筆者同在該十三名之列。

我們考試的試場即設在「蓋竹」，這是一個戶口僅百餘戶，離公路約十華里之遙的小村落，也是浙江郵政管理局辦事處的所在地。從龍泉縣城乘浙閩公路汽車至八堵鎮下車，步行約二十分鐘可達，沿途是阡陌小路，一片農村風光。

蓋竹最大的房屋，可能是祠堂，因年久已不能確定，是我們考試的場所，簡陋得很，當然沒有現在舉辦考試那樣的規模。監試先生是辦事處裏的高級人員，聽說是拖尾巴的甲等郵務員（即今之高級郵務員，因「甲」字中間一豎向下伸出，像一條尾巴，故名之爲拖尾巴的甲等郵務員，簡稱甲員），心裏十分羨慕。後來入局後始知道在浙江郵政管理局辦事處裏，不但戴帽子的副郵務長以上人員僅辦事處主任何幼村及計核股（即今之會計股）股長林瑛兩人而已，即拖尾巴的甲員，也是鳳毛麟角，少之又少，不少組長是由資深的乙等郵務員充任的。

該次考試，自認考得較好的是數學，題目簡單，可能得滿分，國文、英文、史地亦尚不錯，最差的是郵政法規與簿記，距零分大約不會太遠，實因臨時抱佛腳，準備的時間不充分之故。及筆試僥倖獲售，重上蓋竹參與口試，主試官是計核股股長林瑛老頭兒，他叫我唸一篇古文，我將文中清乾隆帝的寵臣「和珅」唸成「和坤」，林老頭兒曾特別用手指出「和珅」兩字叫我重唸一遍，當時莫名所以，後來才知道讀錯了音，「珅」唸成「坤」，實在汗顏，幸好他不因此小疵，將我從口試中劃下來，不然我這碗郵飯也就吃不成了。

不久，接到正式錄取的通知，並說乙等郵務員目前尚無缺額，但需臨時用人，如願以臨時僱員名義工作者，歡迎立即報到。我於次年春天，先進辦事處任僱員，起薪五十元，反較試用的乙等郵務員四十元爲高。一直到三十四年四月一日始正式補上三等三級乙等郵務員，因當時郵局規定，乙員缺額須由局內郵務佐考上的優先遞補。

在蓋竹入局報到後，被派在儲匯股儲券組工作，儲匯股分儲金組、儲券組及匯票清理組等三組。在儲券組常聽組內同事談起，我是接替一位調往總局有「水仙花」雅號的童志雄小姐的工作，屢聞其名，惟緣慳一面。迨至臺灣後，在十數年前筆者任臺灣郵政管理局郵運組組長，追隨盧前郵務長至岡山郵局視察時，始初次見到這位聞名多年的「水仙花」小姐。今童小姐已自本年三月一日在總局公共關係室退休，韶光易逝，人事滄桑，實深唏噓。

我們辦公的地點是租用當地民房，分散數處，辦公傢具莫不因陋就簡，一塊長方形木板，架在兩條木凳上，就是我們臨時的辦公桌，沒有水電設備，當然也沒有電風扇之類。地上是高低不平的黃泥地。辦公時間自上午九時至下午五時，中午休息二小時，到炎夏季節，改自上午七點至下午一時，下午休息。我因初次入局任公務員，生活尚不習慣，有時午睡睡過了頭，在到辦公處路上如碰到矮胖胖的辦事處主任何伯伯（同事們多稱他爲何伯伯而不名）時，他會一面看腕錶，一面向你瞪眼，使我心裏嚇得卜通卜通的跳，幸而他對我這毛頭小伙子，尙不知我尊姓大名。

我初入局時，待遇並不甚好，食宿一切自理，每月薪水，伙食就得去了三分之一，還要自己租房子住。新到蓋竹的人，因空餘民房不多，租房子確是一大難事。幼愚先生是時甫考上爲人艷羨的甲員，榮調重慶郵政總局工作，他離去後空出來的一間斗室，即爲我捷足租到續住，故筆者與幼愚先生，在三十餘年前，曾有先後同居之誼。

在蓋竹時，一般年輕的同仁，都很肯上進，讀書風氣甚盛，爲準備拖尾巴的甲員考試，化十年寒窗苦讀的，大有人在。公餘消遣，有拉二胡的，有吹口琴的，有在空地上打排球的，也有作竹林之遊的。當時鄉下無電燈，用僧帽洋臘燭打牌，已算十分闊綽了。等而下之，則用桐油燈，至次晨起來，用毛巾揩鼻孔，每可揩出黑黑的油煙來。筆者在該時對拉二胡曾著了一陣迷，一遇下班，即一琴在手，就咿呀呀的殺起雞來，弄得芳鄰遠避三舍。「空山鳥語」、「病中吟」、「昭君出塞」、「燭影搖紅」、「梅花三弄」、「漢宮秋月」等名曲，也會拉上一兩手。農曆新春員眷同樂晚會時，也曾參加集體演奏。幼愚先生文中提及的范仰墀新婚劉夫人，確曾在晚會中演過「蘇三起解」，獲得滿堂彩聲，這是我記得很清楚的。上元燈節，舉行過射虎大會，獎品由局方及高級主管捐助。在蓋竹同過事今也在臺灣的有臺管局產業科陳科長，臺北局毛副局長及姚科長，彰化局阮局長等，至劉紹忠君已告退赴加，林福珍小姐已退休在家。毛副局長於該時曾擔任浙閩長途運郵汽車押運員，常川奔波於龍泉、浦城、建陽、南平間，有時他會帶回一些福建的特產，供我們共享。

在蓋竹還有一物使我至今仍嚮往不已的，是黃粿，也是我們所稱的年糕。蓋竹地處群山之中，有山癘之氣，食黃粿或有驅瘴癘毒氣功效。因爲此種年糕，聽說是當地人採用某種草燒成灰後，浸入水中，成爲黃水，再將做年糕的糯米放入黃水中後磨粉蒸製而成，吃起來別有風味，且易於消化，我十分愛好。又當地百姓煮飯，亦與他地不同，他們將米燒熟後從水中將飯粒撈起，再放在蒸籠裏蒸，米湯則餵豬或倒棄，這也是與其他地方不同之處。

民國三十三年，浙江郵政管理局在當時號稱「小上海」的安徽屯溪成立皖南審核組，負責審核皖南各地郵局的帳務，筆者奉派代表儲匯股前往該組工作，因而離開蓋竹。不旋踵間抗戰勝利，復員杭州，三十五年五月又由杭州奉派來臺接收郵政，屈指算來，已三十餘寒暑於茲。遙念大陸烽火遍地，「蓋竹」地處偏僻的小村落，以及浙區同事友好，是否無恙，實不勝其懷念感慨之情。

原載六十三年四月「郵人天地」第五十期

台北植物園憶舊

筆者於民國三十五年五月間，追隨上海、江蘇、浙江等三郵區人員，在上海同乘招商局八千噸自由輪海宿號到台工作，是月十三日抵達台北後，奉派與上海郵區馮軍聲先生及浙江郵區林福珍小姐同往台北市植物園，接收台灣郵電管理局所屬的台北貯金管理所。當時的植物園給我印象良佳，是園正面入口處，係在博愛路南端盡頭。園內樹木蔥鬱，芳草如茵，空氣清新，分區種植各類植物，奇花異草，地上各立有名牌，有簡單說明，頗富國民教育意義。園內各處曲徑通幽，小橋流水，濃蔭遮日，盛暑步履其中或椅上小憩，清涼舒適。樹叢中常見情侶對對，細語綿綿，別有情趣也。而幹道兩旁，有高聳入雲的大王椰子樹，亞熱帶植物的大榕樹，氣根飄盪空中，則屬初見，至感新奇。幹道鋪細石子，一如東京明治神宮走道，步行其上，可發出策策的細碎聲。園中有一湖，入夏荷葉滿池，清香撲鼻，池旁有一幢木造二層樓建築，即爲台北貯金管理所的辦公處，在樓上憑欄下眺，風光幽麗，使人悅目神怡。

台北植物園創建於民國十年(公元一九二一年)，面積爲一二·八三公頃，原爲何姓所有之苗圃，後捐贈給政府者，園中尚保留何氏祖先一墳。現在台灣北區郵政管理局服務，當時在台北貯金管理所調查系工作之何素月小姐，即爲何氏之後裔。台灣光復後，該園被定名爲台灣省林業試驗所植物園，歸台灣省政府管轄。

猶憶筆者與馮軍聲、林福珍等三人於三十五年五月去植物園內台北貯金管理所接收時，所內員工約百餘人，所長爲日籍左籐貫一，尚有少數日本人及琉球人，均經遣送回國，當時擔任所長翻譯的，即是後來成爲筆者的另一半，是時台灣光復未久，省籍員工中能講國語的，數她較爲流利，因而被選中爲所長跟我們間作翻譯。所內省籍同仁地位最高的是「事務官」蔡媽愛先生，矮矮的個子，爲人老成。其次是職名叫「囑」的張勝郎先生，好像是掌管總務，「囑」之下爲「交通主事」，有兩位，他們是黃種麟及黃種煌堂兄弟。我們對該幾項職位名稱，頗感新鮮。該所之主要工作爲審核及編製全省各郵電局儲金、匯兌、劃撥等帳務。一樓是調查系審核儲金，二樓是爲替系及振替系，分別審核匯兌及劃撥，由福建郵區調來的同仁謝周棫先生是在二樓擔任振替課課長，在二樓尚有一位省籍年輕小姐郭明玉，後來是郵政總局王局長述調的夫人。

台北貯金管理所於民國三十七年間撤銷後，所空出來的該幢二層樓房屋，曾一度充作郵電員工宿舍，當時居住在該處及附屬車庫的郵方同仁有：王振世、葉茂、徐能、陳承禕、安國基、汪鍾德、顏永淼、穆克淇、曹秉龢、陳光華、黃友樊、唐植坤、侯宛烽、盧濟中、鄭鑑、王顯鈺、王文貴等十餘家之多，另尚有電方人員，成爲大雜園，是時尚無電動洗衣機與烘乾機，晒涼衣服，在所難免，在風景如畫的名園中，竟出現詭稱爲萬國旗的衣褲飄揚，影響觀瞻，遭致報章譏評，自不在話中。後來張其昀氏擔任教育部部長任內，欲將植物園附近地區，成爲學術文化區，先後籌建了國立台灣科學館、國立台灣藝術館、國立中央圖書館（今改爲國立教育資料館），也將植物園內原台北貯金管理所木造二層樓房屋，竟爲其取得改歸教育部所有，予以拆建爲四層樓宮殿式建築，於民國四十四年秋創設國立歷史博物館，使該園相得益彰，成爲台北主要觀光名勝之一。

原載八十三年十月郵政退休人員協進會「會訊」第六十四期

懷念青潭鄉居一段美好的時光

人到暮年，每喜回憶懷念往昔，沉浸於過去的時光隧道裡。筆者今欲追憶懷念的，是在幾將四十年前於青潭鄉居時一段可稱美好的歲月。我曾在該地辦公及居住達八年之久，而且我的三個子女可以說都是在該處長大的。

青潭並沒有像新店碧潭那樣聞名全台，它是台北往坪林公路間一個小站，沒有幾戶人家，再過去一站爲大崎腳，與新店相距不遠。該處四周群山環抱，叢林茂密，有一條小溪流入新店溪中，風光幽麗，空氣清新。

民國四十五年間，台灣郵政管理局在青潭油車坑路，越過一條小溪，面對土山一片空地上，設立疏散辦公處，建築辦公房屋及員工宿舍，在小溪上建有一座水泥橋，名之爲郵政橋，以利人車通行，後公路汽車在郵政橋旁也設了招呼站，以便利我郵政員眷搭車上下。

新建員工宿舍分爲甲、乙、丙、丁等種，另尚有單身宿舍，甲、乙種宿舍均爲平房，建在辦公室之後方，中間隔有廣場，原各僅建十幢，分配給管理局科室主管及副主管人員居住，甲種面積較大，但均僅兩房一廳，遇子女過多，還得購雙層床，始夠睡用。丙、丁種宿舍爲兩層樓房，面積較小，建在後面靠山邊，分配給一般員工住用。新建宿舍於四十六年落成後，當時郵政管理局局長許季珂氏，下令在青潭辦公同仁必須遷往居住。

時筆者在青潭疏散辦公的內地業務股任主任股員，不得不遵令，於民國四十六年秋，搬離在台北市同安街居住將近十年的日式紙門榻榻米房屋，到青潭去過鄉居生活。被分配居住在上述乙種宿舍內。該種宿舍分前後兩排，各爲五幢，住在前面五幢的，除筆者外有黃友楚、徐其玉、歸紀春及崔璉等，至於住在後面五幢的只記得有方有恆、徐茂蘭、張浩堂、顏永淼等。鄉居雖較清靜，空氣亦比台北好，上下班步行數分鐘即達，無庸坐交通車奔波，節省不少時間，但購物買菜、子女上學，則多不便。

我們初遷居青潭時，宿舍前面廣場上，尚雜草叢生，於草叢中或路邊水溝中，常可發現蛇蹤，青潭爲多毒蛇地區，有青竹絲等，令人生畏。後來前面空地上分別闢建成網球場及籃球場，還布置了一個小花園，有亭台池魚之勝。園內並有供孩童玩樂的設施，如鞦韆及單雙槓等。在甲種宿舍前方，後又建築了一幢大禮堂，名曰中正堂，內設有兩個羽球場。

在青潭鄉居，大家多早起作晨間運動，吸收新鮮空氣，有打網球、籃球、羽球者，亦有慢跑、打太極拳、爬山者。銀河洞是青潭附近一景點，過大崎腳後進入山區不遠處，有一條小瀑布，半山岩石間，還築有一所清靜佛寺，是同仁們假日遊覽好去處，令人懷念。

筆者長子長女原就讀台北市國語實小，後遷居青潭，不得不轉學新店國小。但鄉間學校水準較差，當時升中學競爭劇烈，至次學期又轉回台北原校續學，可是苦了小孩，每日晨昏須乘交通車奔波青潭台北間，而幼兒尚在襁褓，局方後於郵政橋前面開設幼稚園，以收容同仁們幼小兒童上學。

我們在青潭鄉居期間，局方總務單位，確爲同仁們解決了不少生活上的困難問題。當時總務科科長是鮑伯玉，副科長是我的芳鄰黃友楚兄，他很會出點子。初期爲便家庭主婦至新店菜市場買菜，每日上午由局方開一輛交通車到新店。後來在宿舍後面開闢一農場，種植蔬菜，自設菜場，供售員眷，此外還先後開設養雞場、魚塭及食堂等，使我們受惠實多。

青潭曾數度爲台灣全省郵政員工球類運動會的會場，各地郵政機構，區分爲北一區、北二區、中區、南區、東區等五區競賽，郵政橋頭臨時豎立運動會高大彩牌，橋之兩旁及入內道路邊，遍插郵旗，臨風招展，氣象萬千。各區運動員工穿著各自設計的運動服，顏色鮮麗，展開爲期數天的劇烈競賽，中午由食堂供應豐盛的便當及飲料，大家莫不興高采烈宛如辦喜事或拜拜一般。開幕及閉幕頒獎典禮均在中正堂內舉行，卓具盛況，當時情況迄今猶歷歷在目。

回顧今日青潭，已與往昔迥異，現僅爲總局供應處的倉庫所在，只有少數員工辦公。中正堂已瀕臨傾塌邊緣，當時居住在各種宿舍裡的同仁多已搬離，惟網球場尚留存往時情況，筆者偶於星期假日，前往打球，在三十多年前曾辦過公及居住過的房舍前，每爲之徘徊瞻顧，而往時芳鄰已作古者亦屬不少，眞是景物依舊，人事全非，實不勝感慨唏噓。

原載八十五年七月郵政退休人員協進會「會訊」第七十一期

羽球與我十五年

羽球是一種室內的運動，男女老少咸宜，既無足球的危險性，又不如籃球的劇烈。但欲成爲一個優良的羽球員，亦非易事。他必須體力充沛，動作迅速，反應靈敏，出手快捷，殺球有力，落點準確，始能取勝對方。這種運動似乎最適合國人的體質，因爲世界羽球球王榮銜，多爲我炎黃後裔所獲得，可爲明證。

我對羽球發生興趣，是從世界羽球球王馬來西亞華僑黃秉璇先生來臺作示範表演那時開始，記得是在總統府前三軍球場裏表演，他的出神入化的球技，風靡了全場觀衆，令人嘆爲觀止。嗣後菲華羽球好手施錦標等先後來臺表演，我都作壁上觀，更引起我對羽球的熱愛，漸漸成爲我公餘唯一的嗜好。

郵政同仁玩羽球，開風氣之先的，當推管理局會計科的同仁。民國四十四年，他們疏散到北投辦公，中午休息，無事可做，就在空曠上玩羽球消磨時光。當時既無球場，又未掛網，更不懂什麼規則，只知兩個人拿拍子對打而已。

我與羽球結不解之緣，則較晚一年，迄今亦已十五寒暑。當時在臺北長沙街交通大廈辦公，公餘與阮齊國兄在大廈後面天井裡打尼龍質羽球，祇要能擊到球，使它不落地，就心滿意足了。有時還一面打，一面點數，究竟能連擊幾下，現在想來，實覺幼稚可笑。

四十五年，交通部在師大體育館舉辦羽球比賽，郵政首次應邀組隊參加，我參加代表隊甄拔賽，僥倖入選，同時入選的有潘安生、阮齊國、陳維星、張勝郎、駱永生、詹水樹、范東波等。郵政隊因成立較晚，又倉卒成軍，隊員對規則也弄不清楚，致在交通盃中，尚不是基高兩港的對手。嗣後為爭取一年一度交通盃的榮譽，我們乃於每日公餘及星期例假，加緊練習，並請當時臺灣冠軍董盛合君做教練。可是沒有自己的球場，只好到建中及師大風雨操場去練球。有一段時期，每天早上六時左右，即約好潘阮諸兄到建中球場去打球，到七點半返家吃早餐後再趕去上班。有一次，是星期天的上午，我在師大體育館玩羽球，竟忘了那天是自己的大學畢業典禮和拍攝畢業團體照的日子，我對羽球的熱衷程度，由此可見一斑。嗣後郵政員工康樂會舉辦羽球個人錦標賽，在「蜀中無大將」的情況下，筆者還僥倖得過一次單打冠軍。

四十六年秋天，我們遷往青潭居住和辦公。中正堂未落成前，在辦公室旁的水泥空地上畫了幾個露天羽球場，每於晨昏，我們打球不輟。室外打羽球，最怕風雨，即使微風，也會影響擊球。雨天打球，不但會縮短球拍的壽命，而且羽球碰到水，它半圓形的外套，易與軟橡木分離。室外水泥地，粗糙如銼刀，球鞋往往穿不到一個月。有時玩得正起勁時，忽來一陣驟風急雨，只好偃旗息兵，在屋簷下苦等天霽後再打。興趣濃時，在雨中照打不誤，常淋成落湯雞。雖然如此，我們仍玩得興高采烈，樂此不疲。其後中正堂落成，我們有了二個頗夠水準的室內球場，玩羽球的同仁日漸增加，我們花在球場上的時間也就更多了，每次總打得汗流浹背，衣衫盡濕。

四十八年起郵政節前的球類競賽，是羽球運動的高潮，在競賽日期前二、三月，各區球隊，就勤加練習了。當時以臺管局的北二區因得地利之便，實力最強。北一區、北三區、中區、南區及東區等都不是對手。到五十二年，北二區許多好手調到總局後，成爲北一、二區兩雄對恃的局面，比賽前雙方的排陣，關係重大，故煞費苦心，並嚴守機密。有一次筆者代表北一區與北二區陳銀藴兄對陣，兩人球技，可說半斤八兩，勢均力敵，形成拉鋸戰，各勝一盤後，第三盤又打到十七平後始分高下，足足鏖戰了二小時，結果，就因這場單打，影響了兩隊的勝負。到了次日，雙腿酸痛難當，舉步維艱，幾不能上下交通車，陳君亦有同感，到今天每與陳兄談起，輒爲神往不已。

其後郵政羽球隊正式成立，推潘安生兄任隊長，阮齊國兄爲幹事，先後聘請本省羽球名手董盛合、顧景崙、梁慶玉等任教練，積極訓練，同仁們的球技有長足的進步，尤其是新人輩出，彌足可喜。我們參加外界比賽不少次，成績輝煌。五十二年以青鳥隊名，參加在基隆舉行的全省羽球公開賽，獲得丙組亞軍。是賽我方領隊王振世，隊長潘安生，隊員有鮑伯玉、方有恆、阮齊國、趙鍾英、陳銀藴、王奕龍及筆者等。五十三年參加臺北縣運動大會，郵政隊榮獲冠軍，與賽隊員除上述鮑、方、趙、阮、王及筆者外，尚有林申墉及曹持平兩人。筆者與趙、阮、林、曹等五人還膺選臺北縣參加在臺中召開的臺灣省運動大會羽球選手，並爲臺北縣奪得省運羽球冠軍。五十六年潘、方與筆者參加臺北青年會徵友盃比賽，郵政隊又獲冠軍。

臺北局郵政大樓建成後，大禮堂內設置了三個羽球場，燈光設備較青潭羽球場又勝一籌。每週一、三、五下午下班後，總前往打球一、二小時，風雨無阻。現年將知命，一到球場，換上運動裝，蹦蹦跳跳，頓覺年輕了不少。每次在球場上，互不相讓，拚得你死我活，精疲力竭，臭汗淋漓。但沖洗一個熱水澡後，就感到通體輕快無比。十五年來，連傷風感冒，都甚少感染，此羽球所賜也。潘隊長在未玩羽球前，時常扁桃腺發炎，自與羽球為伍後，未曾復發，要亦羽球之功，走筆至此，深以能結識羽球為幸。

原載五十九年七月「郵人天地」第五期

羽球好友退隱

羽球好友與老搭擋的晏星兄，於今年農歷正月初七，在郵政儲金匯業局大禮堂羽球場上，突交給筆者一箋便條，上書：「近仁吾兄：維星吾兄：近一兩月後，我可能要暫與球場諸位老友告別，不再上球場了。羽球原是我的『最愛』，但我因家庭和健康的顧慮，終於不得不忍心放棄了，而今後也可能會住到新竹大兒子家去，從此在鄉下做一個眞正的退休且退隱的老人，安度餘年，淡出塵緣。大半輩子都在一起的老友如兄等，今後自將繼續保持密切聯繫，在紙上和電話中不時聊天話舊，敬祝安康幸福，嫂夫人均此，弟知名不具，丁丑人日（年初七）。」

我與維星兄見箋後，相顧愕然，對球場多年老友的突萌退意，即將告別球場，離去歸隱，實不勝依依，感慨良多，嘆人生總無不散的筵席。

我們三人，均年逾古稀，且愛好羽球，自於郵政崗位上退休後，仍每週在球場上碰面，打球三、四次，廝殺劇烈，互不相讓，奮戰精神，殊不亞於年輕人。

晏星、維星跟筆者，關係非比尋常，我們於民國三十五年五月十一日在上海同乘招商局海宿輪來台，接收台灣光復後之郵政，同住過台北市東門町單身宿舍。民國四十五年，僥倖同選上第一屆交通杯羽球比賽郵政代表隊的隊員，其他入選的隊員者有：阮齊國、張勝郎、詹水樹、駱永生、范東坡等。我們三人的羽球球齡均逾四十年，其間維星兄曾一度中斷若干年，但晏星兄與筆者，則四十餘年如一日，每週恆到球場報到三、四次，風雨無阻，未曾中輟。我倆在職時曾先後擔任過郵政羽球隊隊長多年，率領郵政隊，參加交通杯及金融杯的羽球比賽，轉戰各地，南征北討，戰績尚屬不惡。憶民國七十四年十月下旬，交通機構第十屆交通杯羽球錦標賽在台中市舉行，晏星兄與筆者以花甲之年，隨郵政羽球隊參加長青組雙打比賽，竟奪得亞軍而歸，可見我倆球技，總算差強人意。

晏星兄為郵壇才子，郵文散見各報刊，著作等身，其平時消遣，除勤於筆耕寫作外，唯一嗜好，確為打羽球。我倆在球場常搭配打雙打，默契良好。他雖曾表示打羽球要打到八十歲，才封球拍，今以應客觀環境需要，而提前在球場上告別退隱，身為其四十多年的羽球老搭擋與至友，對其離去，實不勝感慨系之，謹禱祝其老境康泰如意，安享餘年。

原載八十六年四月郵政退休人員協進會「會訊」第七十四期

夫婦學習土風舞歷程及上臺視五燈獎記

土風舞爲臺灣近十數年來最受一般民衆歡迎的休閒活動之一，有益身心健康，增加生活情趣。不像球類活動之劇烈，亦無任何危險性，可謂男女老少咸宜，愛好及熱衷此種活動者不在少數，其中尤以中年婦女者居多。每日清晨，臺北市　國父紀念館、中正紀念堂公園、新公園、植物園，甚至臺灣大學、師範大學等校園內，莫不可以看到一群群的民衆，圍成圓圈，隨著收錄音機放出悅耳的音樂拍調和節奏在跳土風舞，四周旁觀欣賞者亦多。

據說土風舞種類大別有二：一爲世界傳統舞，一爲臺灣創作舞。世界傳統土風舞，首推以色列舞，其較具代表性者有：水舞、手足情深、歡樂舞等；臺灣創作舞，係由土風舞權威人士或各土風舞班老師以愛國歌曲、流行歌曲以及懷念老歌等自行編撰經發表推廣之舞，間有不少傑作，甚受廣大愛好土風舞人士之歡迎。至跳舞方式，一般而論，可分團體舞及雙人舞兩種。前者跳者圍成一個圓圈，大家的步法與姿態力求一致，通常可以看到的團體舞，有梅花、迎賓舞、遍地桃李、桃花舞春風、站在高崗上、那魯灣情歌等。至於雙人舞，步法與姿態有男女之別，與交際舞相類似。舞步有探戈、華爾滋、吉魯巴、倫巴等等，較團體舞爲深奧難學。

本省土風舞之流行，至少已有十年以上的歷史，全省各地土風舞隊之成立，有如雨後春筍。就臺北市而論，各區都有不少隊土風舞的組織，遇有國家重大慶典場合，多踴躍參加表演，最近一次，厥爲本年三月廿五日(星期日)上午九時半，由臺北市體育會土風舞委員會、中國青年反共救國團臺北市團委會、臺北市微笑協會、臺北市民衆服務社、臺北市大安區婦女會等團體，爲恭祝 總統副總統當選，聯合主辦萬人土風舞大會，地點在中正紀念堂前廣場，臺北市各區土風舞隊莫不傾巢而出參加。每隊各有特製服裝，五色繽紛，在廣場上圍成九個大圓圈，大圓圈內又有小圓圈。音樂起處，從中正紀念堂高臺上向下瞭望，只見廣場上九個大圓圈同時轉動，姿態及動作相當整齊劃一，美麗而壯觀，場面偉大，各電視臺紛紛攝入鏡頭，於午間新聞中播出。

內子對土風舞，至爲愛好，學習土風舞迄今已有四年半的歷史。記得民國六十八年六月間，由於同事陳定芬小姐的邀約，每晨六時許，共同在師範大學排球場上跳，約有婦女四、五十人，圍成一圓圈，中間由一位男性老師教授，另有一位年輕的小姐擔任助教，所跳者多爲團體舞。該時筆者每晨陪同內子至師大，因對土風舞尚無興趣，所以在師大體育場跑道上慢跑，以資鍛練身體。如此者約經年，內子覺得師大內土風舞班所教者較爲單純，又多爲團體舞，未能滿足其需要，因此轉移陣地至中正紀念堂公園內廣場上跳。廣場上共有兩個土風舞班，一班人數較多，約七、八十人，水準亦較高，由曹國勝先生擔任老師。內子即加入曹老師這一班，並約請儲匯局儲金處同事邱寶貴小姐爲舞伴，內子跳男性舞步。邱小姐頗有舞蹈天才，姿態美妙，尤其是扭動腰部動作，獲得隊友及旁觀者之一致讚賞。邱小姐與內子這一對，無論步法及韻律，均能密切配合，可以說已到「水乳交融」地步。我則「婦唱夫隨」，每晨駕車陪同前往，她們在跳土風舞時，與邱小姐的丈夫廖經邦先生在廣場上打羽球。後來廖先生考上外交部，經過六個月外交人員訓練班結業後，以成績優異被外交部選送日本慶應大學進修二年，我打羽球就少了對手，每日掛單，只好坐在旁邊作壁上觀，看她們跳舞。曹老師看到我孤零零的，一再勸誘我加入同跳，說什麼夫妻一塊跳土風舞，可以增進夫婦間的感情等道理，並說班中也有好幾對夫妻檔在跳。可是筆者，一方面由於對跳舞，資質愚魯，天生笨材，對如此的高級班，恐怕趕不上，同時內子跳男性舞步已多年，如一旦改跳女性步法，頗不能適應，所以猶豫不決者，有一段相當長的日子。直到去年八、九月間，曹老師的夫人朱秀清女士在廣場上另一端開辦初級班，並爲我介紹了一位詹小姐作舞伴，才正式下海學跳土風舞，後來詹小姐不跳了，改請一位彭小姐作爲舞伴，光陰荏苒，至今已半年有餘。

內子除了參加中正紀念堂公園內土風舞班外，還曾參加過曹老師在國華人壽保險公司大樓內舉辦的土風舞班及古亭國小內的土風舞班。此外，郵政總局及儲匯局也曾開了好幾個土風舞訓練班，利用中午休息時間以及星期六下午，分別聘請在土風舞界甚具名望地位的吳迺麟、林文中等兩位先生做老師，內子也都參加。她對土風舞十分用心，老師每教一新舞，她都將步法記下來，以作爲參考，所謂「勤記難忘」，她的筆記已有厚厚的很多本。有時老師於第二次再教時，如發現步法與上次有不同的地方，內子往往會提醒老師，老師不以爲忤，反會笑著說，記筆記的大概不會錯。此外，內子還長期訂閱了一本專研究土風舞的雜誌，名叫「弦歌」月刊的，凡新創作的土風舞，多會在該雜誌內發表。

筆者在中正紀念堂公園內跳了半年後，對土風舞漸漸發生興趣，有時對新教的舞步，如印象模糊不清時，回家就請教內子或邱小姐指導，所以她倆都是我的老師。局內土風舞班同仁，聽到我也跳土風舞，就力邀我加入，我也欣然同意，於每週二、五中午，參加吳迺麟老師教授的一班，集郵處老同事崔小姐做我的舞伴。

三月六日（星期二）中午，吳老師忽然異想天開，要我與內子上臺灣電視公司五燈獎節目中媽媽土風舞比賽，我說我的段數太低，跳得太爛，參加比賽，遠不夠格，恐會貽笑大方，同時內子是跳男性舞步的，一時改作我的女伴，殊難配合，乃加以婉拒。誰知過了兩天，也就是三月八日(星期四)，他又對內子及筆者說，五燈獎製作單位十分歡迎我夫婦能夠參加，已安排於星期日（三月十一日）上午在臺視公司第七攝影棚錄影，預定於下星期日（三月十八日）晚上六時半播出，希望不要再推辭，並爲我們準備了一隻瑞士土風舞「三隻襪子」，因該舞比較詼諧、輕鬆、活潑，較易討好。我們也就不好意思再堅持。吳老師即開始爲我倆惡補，晚上則在家中自行加緊練習，希望屆時能夠順利演出，不要出醜就好。三月十日（星期六）下午，吳老師又趕來爲我們練習，並糾正姿勢步法等。當晚內子偕同邱小姐至汪兄府上，承其夫人傅小姐之熱心協助，爲內子趕製白布小圍裙一條，是要繫在花色大舞裙外面用的，這條舞裙亦係傅小姐借供的，她並找出一塊與舞裙同樣花色的布料一塊，臨時製成一頂三角巾，爲內子包在頭上，上身則穿白色長袖襯衫，如此打扮，十足表現出是一位操持家務的歐洲家庭主婦。我則穿淺藍色襯衫，深藍色長褲，用背帶吊住褲子，襯衫領口打一白點藍色蝴蝶領結。吊褲背帶早已不流行，也係臨時向襟兄借來的。

我夫婦上電視錄影之決定，實在太過匆促，前後僅不到一個星期，連親友想至現場捧場鼓勵的，亦因無入場劵而不得其門而入，因入場劵早已爲公衆索取一光。三月十一日（星期日）上午十時，承邱小姐陪同至臺視公司第七攝影棚報到，準備錄影。並蒙吳老師伉儷到現場照料協助。等到下午二時許，觀衆陸續進場，坐無虛席，評審委員共五位，坐在第一排，吳老師爲其中之一；邱小姐坐在吳老師旁邊，因此被攝影機錄入的拍手鏡頭不少。彩排時，因在強光燈下看到臺下黑壓壓的觀衆，心裏就有點發慌，腦子裏一片空白，好多步法都跳錯了，額上直冒冷汗，幸而不是正式錄影。下臺後急忙至電梯旁一空地上，承吳老師夫人朱小姐（是中正紀念堂廣場上土風舞班曹老師夫人的姊姊）攜帶手提收錄音機，爲我們惡補一番，並安慰我倆上臺時不要緊張。後來於正式錄影時，總算沒有出大錯。五燈獎節目主持人邱碧治小姐於我倆跳完舞後，在台上特別訪問愚夫婦一番。邱小姐問我兩個問題，第一是問我在郵政服務幾年了，我回答說已三十九年；第二個問題是，聽說郵政儲金很發達，究竟有多少存款，我說已超過新臺幣三千三百七十億元，她對我的答復感到有點驚奇。她接著又訪問內子在郵政所任職位及夫婦感情如何，內子都一一妥爲回答。

評審委員對我倆表演的評分，特別客氣，竟獲得四個燈，與擂臺主同燈，所得分數爲二十分，也相當高分，僅差擂臺主一分，頗出我們意表，內心不勝欣喜，同時獲得了現場觀衆熱烈的掌聲，愚夫婦倆高高興興的鞠躬下臺，解除了數日來緊張的心情。

我倆「三隻襪子」的瑞士土風舞於三月十八日（星期日）在臺視螢光幕上播出後當晚，舍間的電話鈴聲響個不停，都是親戚朋友及同事們看了五燈獎節目打來詢問，甚至說是道賀的。翌日到中正紀念堂公園跳土風舞，及到局上班，碰到的舞伴及同事們，也多向我們談論此事，使我倆十分不好意思。筆者於四月間赴臺中參加交通杯羽球賽，在比賽球場上，有一位電信隊的隊員突然到我面前，說在臺視五燈獎節目裏看到了我，並向我恭維了一番，令我顏面感到有點熱熱的。

原載七十三年四月「郵人天地」第一七〇期

霧台山魯凱族酋長家作客記

承四十多年老友，已退休前美濃郵局局長宋永珍兄之迭次邀約，筆者於客歲十一月中旬，曾有台灣南部之行，至其親家屏東縣南横山鄉霧台山原住民魯凱族酋長家作客，後又暢遊六龜、甲仙等地，為期八天，收穫良多，殊感愉快，頗值一記。

去年十一月十一日，筆者在台北乘復興號火車去高雄，下午六時許抵達，蒙永珍兄伉儷，由其次子駕車至車站接我，當夜宿其旗山家。翌日一早，在永珍兄陪同之下，仍由其次子駕車，至霧台山原住民魯凱族酋長家，同車尚有酋長之女公主盧春暉女士及其一歲半活潑聰穎可愛的幼兒，酋長女公主即為永珍兄次子之夫人。

我們於上午十一時許抵達酋長家，門牌為霧台鄉岩板巷五十一號，蒙酋長伉儷熱誠歡迎。酋長姓盧名雅大，有一子五女。酋長及夫人均已八十多高齡，身體健朗，精神矍鑠。其住家為一幢二層樓磚房，客廳木架上擺設了不少個古雅的山地製陶瓷器，式樣、大小及圖案均不雷同。另懸掛有番刀十四把，套柄雕刻十分美麗。牆上並掛有一幅前屏東縣長伍澤元祝賀盧酋長當選八十四年長春楷模條幅，上書：「雅士高範超凡塵，大德仁壽得天眞，樂施君子增景裕，好善碩老更精神。」另有一鏡框，框內張貼屏東縣委員會主任委員華加志贈送酋長之子盧忠勤先生輔選第九任總統副總統及第三屆國代的獎狀。客廳中央擺設一張長方形青石桌，石質頗爲堅固細密，作爲招待客人及餐桌使用，此種青石爲鄉內特產，如外運出山境，須獲特殊許可，價亦高昂。

霧台鄉因每日午後山間多霧而命名，該鄉共有六個村，人口約四千人。鄉內有警察派出所，基督教長老教會，也有一所郵局，有儲金約新台幣五、六千萬元，但無自動提款機之設備，局長姓邱，係從屏東郵局派來。

我們抵達那日中午，有幸參加酋長妹之子古勒樂先生與都古小姐結婚，盛大喜宴，在霧台國民小學大操場內舉行，席開六十多桌，菜餚豐美，具山鄉特色，餐後跳山地舞慶祝，與跳男女，均著盛裝原住民服飾，內子如健在同行，我夫婦也會加入參與同跳。

筆者與永珍兄在酋長家住宿一宵，獲熱誠款待，爲聊表謝意，我特贈送酋長一幅拙書臨王羲之蘭亭敘，作爲秀才人情，承酋長重視，即張掛於客廳壁上顯著處。

按魯凱族爲台灣原住民九大族之一，目前人口一二、三〇四人，佔九大族第五位。筆者爲期了解台灣原住民九大族群之分布及人口情形，經函承行政院原住民委員會四月六日書函復知如附表，台灣原住民，山地及平地，民國八十九年初之人口總數爲四〇二、四五二人，此次總統大選，各候選人莫不竭力爭取。

台灣原住民各族群人口數及分佈狀況

族群名稱	人口數目 八十九年初	分佈地區	備註
阿美族	146,796	花蓮、台東、屏東恆春半島	
泰雅族	91,360	南投縣埔里、花蓮縣太魯閣、苗栗縣泰安南庄鄉、台北縣烏來鄉	
排灣族	69,446	屏東縣三地、瑪家、泰武、來義、春日、牡丹、獅子、滿州等八鄉，台東縣卑南、金峰、太麻里、達仁、大武等五鄉	
布農族	41,150	南投縣仁愛、信義兩鄉，高雄縣桃源、三民兩鄉，台東縣海端、延平兩鄉、花蓮縣萬榮、卓溪兩鄉	
魯凱族	12,304	高雄縣茂林鄉、屏東縣霧台鄉、台東縣卑南鄉	
卑南族	10,571	台東縣卑南鄉、太麻里鄉，恆春鎮仁壽里、龍水里，恆春滿州鄉	
鄒　族	7,541	嘉義縣阿里山鄉，南投縣信義鄉，高雄縣桃源鄉、三民鄉	
賽夏族	7,025	新竹縣霧峰鄉，苗栗縣南庄鄉、獅潭鄉	另有邵族二百多人，在日月潭畔。
雅美族	4,051	台東縣蘭嶼鄉	

（附註：山地原住民人口數 213,668 人，平地原住民人口數 188,784 人）

筆者與永珍兄於十一月十三日離酋長家後，仍回旗山永珍兄住處，以後數日，承永珍兄至友，我郵退休同仁林河吉先生，駕其高級賓士轎車，暢遊欣賞六龜、甲仙等地山景，嚐山味，飲山地佳釀，在幽谷一清溪中，洗露天溫泉澡，男女共浴，別有情趣，山鄉空氣清新，景緻旖旎，至感快慰。後又曾到南橫公路起點，南化鄉玉山村，號稱台灣第一佛教大寺「寶光聖堂」參拜，該寺雕樑畫棟，飛簷浮雕，美奐美侖，據稱其規模與範圍，猶勝鳳山佛光山。「寶光聖堂」內分別供奉釋迦牟尼、觀世音菩薩、關帝聖君、純陽祖師、伏羲聖君、彌勒祖師等菩薩，香火鼎盛，膜拜者甚衆。

總之，此次南部之行，雖爲期僅八天，但見聞豐碩，快慰萬分，在人生古稀殘年，已留下美好珍貴之一頁。

原載八十九年五月「郵人天地」第三六三期

臺北市新闢大安森林公園

——晨間活動絕佳去處

大安森林公園是臺北市於民國八十三年新落成的公園，原有稱爲第七號公園者，是園之闢建完成，歷經多年，曾遭遇諸多困難，相當不易。其位置係在信義路之南，和平東路之北，新生南路之東，建國南路之西，爲一長方形，佔地甚廣，其面積比新公園、植物園及中正堂紀念公園爲廣闊。規劃設計尚富匠心，園之四週行人道，即頗具水準，至夠氣派，路面寬而直，上舖馬賽克方磚，圖案美麗，步履其上，至感舒適與愜意，路旁所植行人道樹，將來長大成濃蔭夾道則更佳矣。

園內走道縱橫，依路面大小可分三種，逕通園四周出入口者爲幹道，最爲平坦寬闊，是水泥路面，中間漆赭紅色，兩邊綠色。其次是路面較幹道稍窄，係以長方形人造磚砌成，磚之四邊成波浪鋸齒形，用紅、黃、綠三色構成美麗圖案，使人感到悅目舒暢。另有較小步道通達園內各處，以方形白色馬賽克舖設。上述三種道路旁之路燈，外型色樣亦各不相同，可見於設計時是經過一番深思，路燈之光爲黃色，於夜晚及晨霧中，使園景別有情調與美麗。幹道兩旁，每隔適當距離，裝設有靠背長木椅，可供遊人坐憩。此外園內並有不少條健康步道，道路分段黏舖顆粒粗細及間距不同的鵝卵形石子，在石上行走能刺激足底神經，可收活絡經血，增益健康功效。

園內樹木多係新植者，有榕樹、椰子樹、冬青樹、芭蕉以及其他亞熱帶植物，也有往昔遺留下來的竹枝及大榕樹等。園中有一人造湖，四周圍以鐵花柵欄，使人不能翻越至湖邊觀魚或餵魚。湖之周圍新植垂楊，惟欲柳枝拂面，尚有待時日。園之西，靠新生南路一邊，有一小山坵，有白色步道可拾級登臨其上，向東下望園中心，築有一座音樂臺，臺頂為金字塔形，以透明壓克力築成，一如巴黎羅浮宮正門入口處，我華裔國際名建築大師貝聿銘氏所設計的透明金字塔然，音樂臺前有露天半圓形不少級臺階，階上設有數百位木質靠背坐椅。園中尚有涼亭多座，內設水泥方桌及圓形坐凳，可供遊客坐息，惜工程粗糙，有欠精緻美觀。

園之西北角有一座巨型石雕觀世音菩薩像，赤足站立在蓮花臺上，臉容慈祥，左手持一寶瓶作普灑甘露狀，右手於祥雲中托一圓形球，市政當局原欲將佛像移走，經佛教信徒幾度力爭請求，總算保留下來，像之周圍增植修竹，為園內添一勝景，可供遊客駐足瞻仰膜拜，實亦不錯。

新闢之大安公園已為喧囂污濁的臺北市，留了一片乾淨土，空氣清新，視野寬闊，尤以清晨時為佳，因而於園內作晨間活動者甚夥，其中以銀髮族的老人家為多，有散步或慢跑者，亦有打拳舞劍者，更有數處聚集同好數十人，以錄放音機放奏悅耳音樂為節拍，作各種集體健身操者，其名稱有八段錦健身操、中國香功、韻律健身操等，各張掛紅色布條，書明免費教授，歡迎參加及健身操起訖時間等，多在清晨六時至六時半之間。在音樂臺上則有更多的人做外丹功，中由一人喊口令示範指揮。在臺上一角還有數位中年婦女自備席毯舖在臺上，在衆目睽睽之下作瑜珈各種動作，以仰臥、伸腿、翻身、彎腰等，各自得其樂。

大安公園因新落成未久，有甚多處有待繼續充實改進，如草地高低不平，且雜草叢生，未能如歐美地區之公園那樣綠草如茵，園內清潔之維護，亦遠不如中正紀念堂公園那樣，有專人隨時打掃，尤以洗手間更不能相比，園內新裝盥洗設備品質不佳，洗面盆多有破裂者，未能及時更新，致水濕地面，有欠衛生。園內各處路旁所豎立長方形標語牌，上寫「愛花惜草，十年樹木，讓我們與大安公園一起成長」及「一草一木，培植不易，大安公園賴大家共同維護」等字句，頗爲合適得體，主事者顯然經過一番用心思考。據報載臺北市府爲闢建是園，已先後花去新臺幣百餘億元之鉅，遠超出原列預算七十億元。今後恐尙得繼續投資不少費用吧！

該園東北角正在動工挖掘興建一座大型地下兩層停車場，面積達四萬二千五百平方公尺，建成後可以停汽車一千四百五十八輛之多，預計於民國八十五年九月完成，屆時該園當可成爲臺北市首要民衆活動場地，吾人樂於拭目以待。

原載八十四年一月卅一日「郵人天地」第二九九期

美國黑山的宏偉雕像

美國有七大人造奇景：一、舊金山金門大橋，二、黑山(Mount Rushmore)四總統頭雕像，三、休士頓亞士特羅圓頂(Astrodome)，四、紐約自由神女像，五、亞歷桑那胡佛水壩(Hover Dam)，六、佛羅里達華德・狄斯耐世界，七、聖路易市的拱門(Gateway Arch)。

上述位列第二的黑山四位美國總統頭雕像，在南達科他州境內，處於美國地理中心，是美國國家名勝之一，由聯邦政府管理，景致十分雄偉壯觀，每年遊客多達二百萬人。四位總統頭雕像係雕在該山山顛黑色岩石上，由左至右依次爲：華盛頓、傑佛遜、老羅斯福、林肯，象徵獨立、正義、平等、自由、無畏、自信及堅忍。雕像之發起人爲該州歷史學家羅賓遜(Doane Robinson)，雕像者則是波格藍(Gutzon Borglum)，於一九二五年開始動工雕刻，最先雕華盛頓總統，其次爲傑佛遜與林肯，老羅斯福總統像最後，於一九三九年七月二日全部完成，先後費時達十四年，實際工作時間爲六年半，耗費當時幣值約百萬美元。其因雕像而掉落之岩石達四十五萬噸之多。

每一雕像頭高六十呎，鼻長二十一呎，嘴寬十八呎，號稱爲世界上最大雕像。由停車場步行至山麓觀望台，沿路兩旁豎立著旗桿，懸掛五十州州旗，每一桿座裝有銅牌，上鐫刻州名及成爲聯邦一州的年月日，頗富國民教育意義。

原載八十一年九月廿七日美國世界日報週刊

踩在四州交會處

美國唯一四個州交會之處四州角，在科羅拉多州科特(Cortez)小鎮相去不遠，是美國境內唯一成「十」字形四個州境界交會之處，此四州爲東北角的科羅拉多州，東南角的新墨西哥州，西北角的猶他州，西南角的亞歷桑那州。在該交叉點築有一正方形的水泥平台，畫一交叉「十」字形，分成四部分，分別書寫上述四州州名，並繪有四州州徽。平台附近有一木製瞭望台，可供觀光客登上瞭望及攝影，是美國國定名勝之一，收費僅美金一元。遊客多喜坐在水泥平台上「十」字形中心交叉處，而將雙手及雙腳分別放置在四角上，表示置身於四個州的土地上，而拍照留念。遊客欲上平台拍照者，須排隊等候，依序前往，並不爭先恐後，具見美國人的守法精神。

原載八十一年九月六日美國世界日報週刊

絲路之旅見聞

郵政退休人員協進會戲稱「老人會」，舉辦大陸絲路旅遊，為期十二天，自八月十六日至廿七日，筆者與老友陳維星兄伉儷及曹潛兄相約參加，同遊者共十八人，多為我郵退休老人，以陳中和老先生八十五歲最大，老友陳逸谿兄八十三歲次之，餘多為年逾古稀之人，而陳逸谿、劉忠秉、李輝崑、韋饒棻諸兄均攜老伴同遊。旅途中住宿為兩人一間，筆者孤獨無伴，而曹潛兄未攜夫人同行，乃與曹兄同房，諸承照拂。又筆者攝護腺開刀未及三月，臨行前夕，還遵醫囑，打了點滴以增加體力，幸旅途中能未落人後。

此旅路線與行程，首由台北中正機場搭機經往港轉機至西安，宿一宵後又搭機至新疆省烏魯木齊，然後依次到河西走廊上的吐魯番、敦煌、酒泉、張掖、武威、蘭州等地，在各地遊覽時，由地陪僱二十人座中型遊覽車，有空調設備尚舒適，惟其中吐魯番至敦煌柳園一段，係乘火車軟座臥舖，深夜十二時開車，至次日中午到達，臥車每間可睡四人，分上下舖，夜間行車，別饒趣味。烏魯木齊至吐魯番，年前新築成二百多公里高速公路，直而路面極佳，惜沿途未如台灣高速路有中途休息站及洗手間，爲解內急，曾數度於途中停車，大家下車到路旁叢草樹蔭中露天解決，可苦了女眷們。又途中經安西，終年多強風，一年中有八十七天刮八級風，在車外幾無法站立，因之以強風發電，發電工具爲無數根形如竹蜻蜓的巨型水泥柱，巨翼因風轉動，蔚爲奇觀，見所未見。

此旅經過的上述地名及重要景點，如嘉峪關、莫高窟等，均在歷史地理課本上讀過，今竟能身臨其景，莫不感奮。又此旅上述各處，除西安爲陝西省外，餘均在新疆及甘肅省境內。新疆面積一百六十六萬方公里，佔全中國六分之一，比台灣大很多倍，但人口僅二千三百萬，與台灣相若，可謂眞正是地廣人稀。新疆位於大漠西北，有大草原、大冰川，多彩多姿，博大雄渾，世上恐難找出如此能震撼人心的區域。而甘肅省情況亦類似。其次，在絲路之旅上，還親眼目睹路旁高大的左公柳，是先賢左宗棠於公元一八七一年西征時所植，見先賢遺物，別有一番感觸。至此記起羅家倫先生一首歌詞：「左公柳拂玉門曉，塞上春光好，天山溶雪灌田疇，大漠飛沙旋落照」，確爲寫實佳句。

此旅食宿方面，尙稱不錯，所住旅館均爲當地最佳者，多爲三、四星級，最後一站西安所宿金花香格里拉大旅社，最爲豪華舒適，確具五星級水準，聞宿費高達人民幣一千四百八十元，如自己去住，眞嫌太貴。至膳食中晚兩餐，有啤酒、可樂可飲，惜啤酒不如台灣啤酒好喝。另外尙安排有風味餐，有西安餃子宴、新疆烤全羊、蘭州拉麵等。

此旅堪稱爲水果之旅，因沿途盛產各種水果，如頗享盛名的哈密瓜、吐魯番的葡萄、酒泉的石榴、張掖的紅棗、安西多糖分的胡蘿蔔、臨潼的柿子等。

茲將此旅重要景點，照行程依次敘述於下：

烏魯木齊：蒙古語爲「美麗牧場」之意，是新疆省維吾爾族自治區的首府，人口約百萬。烏魯木齊於乾隆二十八年（公元一七六三年）建市，名迪化，至一九五四年始改稱今名。維吾爾族有人口七百十九萬。維吾爾爲「團結」「聯合」之意，族人至爲團結。

南山牧場：在廣大綠色草原上，有不少具類似蒙古包的住家，包外層爲羊毛氈，足避風雨，我們曾進入包內，獲熱情款待，飲奶茶，享抓飯美味。牧場主人爲哈薩克族人，人口約一百十萬，該族最擅長者爲騎馬與唱歌，自稱兩者如鳥之兩翼。

天池：相傳是三千年前王母娘娘的瑤池，有「天山明珠」之美稱，海拔一九四〇公尺，面積五平方公里，比日月潭小得多，水深一〇五公尺，背後天山，猶白雪皚皚，湖水清澈，景色壯麗，堪稱仙境，冬季湖水結冰，厚達一公尺，可溜冰滑雪。我們曾乘船遊湖一周，約二十分鐘，取費每人人民幣二十元。

吐魯番：是歷史文化名城，人口約三十萬。

坎兒井：有二千年歷史，是天山雪水融化經往地下流入吐魯番者，水清澈見底。

蘇公塔：又名「額銘塔」，建於康熙四十二年一月（公元一七〇三年），是吐魯番郡王額銘和卓八十三歲時修建者，以青灰色條磚砌成，造型別緻，美觀大方，塔成圓台狀，高三十七公尺，底部直徑十公尺，螺旋形階梯七十二級通達頂部。

火焰山：相傳是孫悟空大戰牛魔王與鐵扇公主之處，氣溫最高達攝氏九十度。

葡萄溝：在葡萄棚樹蔭下行走，別具風味，棚上結葡萄纍纍，多爲碧綠色，也有紅色及黑色，分有子及無子兩種，有子者果實較大，至葡萄種類聞達一百二十多種，甜度高於美國葡萄，附近有一所葡萄博物館，對葡萄種類及歷史有詳細說明。

高昌故城：有二千多年歷史，高昌爲西域諸國之一，古城石塊紅色，至爲堅固。

敦煌：人口約十五萬人。

莫高窟：爲絲路之旅最重要景點，參觀門票高達人民幣八十六元，該窟又名千佛洞，位於甘肅省河西走廊西端，敦煌市東南，創建於前秦建元二年(公元三六六年)，迄今猶保存北涼、北魏、西魏、北周、隋、唐、五代、宋、西夏及元代歷時一千多年，多種類型洞窟七百多個，壁畫四萬五千平方公尺，彩塑兩千多身，編有洞號者爲四九二個，公元一九〇〇元於藏經洞發現兩晉至宋代經史子集各類古代文書四萬餘件，集建築、彩塑、壁畫爲一體的文化藝術寶庫。莫高窟爲中國三大石窟之一，其他兩窟爲河南龍門石窟與山西太原雲岡石窟。

參觀時不准攜帶照相機與手提包，因窟內光線不足，每三人租用手電筒一個照明，租費人民幣三元，另繳保證金十元（可發還）。我們請僱該窟一位專家開窟門鎖並作說明，因限於時間，僅參觀若干個較爲重要洞窟，如最大石佛釋迦牟尼佛窟，佛像高三十七公尺，幾等於十數層樓高。最大臥佛窟，臥佛長十六公尺，後站立七十二尊羅漢佛。千手千眼觀音像窟，將觀音菩薩十一張臉，相疊如塔，美妙絕倫，並將觀音主體及四周手臂、眼睛描繪得千姿百態。其他有數個爲名畫家張大千所臨摹過的壁畫窟，該專家說有不少幅壁畫爲張氏所破壞，我們也目睹被破壞的痕跡，眞屬可惜。

鳴沙山月牙泉：鳴沙山最高峰海拔一七〇〇公尺，流沙覆蓋，聚積成山，涉流沙可至月牙泉，有駱駝可供乘騎拍照，至月牙泉往返，取費人民幣三十元，筆者膽小，不敢乘騎，改乘驢車，每車可乘十人，每人取費十元。月牙泉古稱沙井，俗名藥泉，位鳴沙山北麓，四周沙山環抱，中間一泉，形如一彎新月，泉水碧藍，清澈如鏡。

嘉峪關：位於甘肅省河西走廊中部嘉峪關市西南隅，爲萬里長城西端之終點，始建於明朝洪武五年（公元一三七二年），早於東端山海關九年，建築雄偉，關上有碑曰：「天下第一雄關」，爲趙樸初所題。嘉峪關城高十一公尺，周長六百四十公尺，關南爲祁連山脈，雪峰如玉，綿亙千里。

張掖：人口約四十萬，爲甘省第二大城。

大佛寺：始建於西夏永安元年（公元一〇九八年），寺內有一尊大臥佛釋迦牟尼像，身長三四·五公尺，肩寬七·五公尺，是中國最大室內臥佛，木胎泥塑，金裝彩繪，造型比例匀稱，姿態自然。大佛寺由西夏國王賜名爲「臥佛寺」，寺門口懸一副對聯：「睡佛長睡，睡千年，長睡不醒；問者永問，問百世，永問難明」。

武威：有耀武揚威之意，人口約八十萬，海拔二千公尺。

擂台漢墓：位於武威市北門外一公里的擂台湖，湖高八〇五公尺，長一〇六公尺，寬六〇公尺，漢墓於公元一九六八年所發現，爲漢朝一位將軍夫婦之墓，出土文物二百三十餘件，內銅馬九十九件，是極爲罕見的古代藝術珍品。

蘭州：人口約二八〇萬，爲甘肅省會，地陪說蘭州空氣污染甚爲嚴重，次日鼻孔會擦出黑色，白襯衫領易變黑。

黃河鐵橋：爲黃河上所建第一座鐵橋，名曰「中山橋」，建於公元一九一七年，橋中間爲二線道，僅可行小型及中型車輛，禁行大型車，橋兩旁有行人道，我們曾步行過橋參觀白塔山，又到蘭州如不看鐵橋，就像到北京不看長城和故宮，具見黃河鐵橋在蘭州之重要性。

西安：西安爲古都，古稱長安，是「長治久安」之意，人口約六八〇萬。

古城牆：西安古城牆建於明朝洪武年，城牆高十二公尺，城門有四個，東曰：「安樂門」，西：「安定門」，南：「永寧門」，北：「安運門」，城牆長度，南牆三・四公里，北牆三・三公里，東西牆二・六公里，周圍長一一・九公里。

兵馬俑：是中國雕型史上璀璨的明珠，被譽爲世界第八奇跡，爲人類文化遺產中極爲珍貴的財富。兵馬俑係在秦始皇陵園中一處大型從葬坑，共有三坑，一號坑於公元一九七四年三月爲一位農民打井時所發現，一九七九年十月一日在原址建成展覽大廳，對外開放展覽。一號坑東西長約二三〇公尺，南北寬六十二公尺，內有陶俑陶馬約六千件，木質戰車四十餘乘，兵馬俑造型生動，彩像逼眞。二號坑位於一號坑東端北側，相距二十公尺，有陶馬三五〇餘匹，騎兵鞍馬一一六匹，各兵俑九〇〇餘件，木質戰車八十九輛。三號坑位於一號坑西端北側，相距二十五公尺，東距二號坑一二〇公尺，有陶馬六十六件，拉車陶馬四匹，木質戰車一乘。各坑兵馬俑形態，有跪射式士俑、將軍俑、鎧甲武士俑、鎧甲軍吏俑等，栩栩如生，各具面容神態。

華清池：爲西安重要景點之一，是唐明皇賜浴寵妃楊玉環之處，池畔有楊貴妃塑像。唐白居易長恨歌：「春寒賜浴華清池，溫泉水滑洗凝脂，侍兒扶起嬌無力，始是新承恩澤時」，膾炙人口。

大雁塔：大慈恩寺建於唐太宗貞觀二十二年（公元六四八年），是當時太子李治爲其母文德皇后追福而修建，並迎請自印度取經歸來高僧玄奘總理寺務，玄奘爲貯藏從印度取回經像，於唐高宗永徽三年（公元六五二年）主持修建大雁塔，原爲五層，武則天長安年間（公元七〇一—七〇四年）改建爲七層，高六十四公尺，塔身用青磚砌成，堅實雄偉，爲樓閣式磚塔之優秀典型。

此次絲路之旅，於八月二十七日參觀西安各景點後終告結束，回憶十年前，筆者曾偕先室旅遊長安，觀賞過古城牆、兵馬俑、華清池、大雁塔等處，今再度重遊，景是人非，爲之熱淚盈眶，不勝悲苦。

八月二十七日下午二時許由西安搭機經港轉乘華航班機回台，大家興盡平安歸來，在人生古稀殘年，莫不留下美好難忘的回憶。

原載八十九年十一月「郵人天地」第三六九期

震災中花東碧綠山水遊

台灣此次不幸發生百年來「九二一」大地震，強度高達七．三級，中部集集、南投等地傷亡慘重。而我郵政退休人員協進會事先安排舉辦之花東三日旅遊，適於大地震前夕，即九月二十日出發，參加旅遊退休員眷共達八十五人之多，均爲爺爺奶奶級老人，其中年齡以八十四歲的陳永和老先生爲最高，由其二十歲青壯的孫兒沿途照料。筆者老友何天浩兄，七十九歲位列第二，攜其年輕貌美大陸佳麗同遊，令大家爲之艷羨不止。筆者以七十八歲，獲得季軍。

我們於九月二十日上午十時四十分在台北火車站乘自強號特快車去花蓮，抵達時已近中午，午餐後即乘大型遊覽車兩輛，去太魯閣、布洛灣、燕子口、慈母橋、天祥、九曲洞、長春祠等處遊玩。兩輛遊覽車分由此次旅遊總領隊李茂添先生及領隊徐雪梅女士分任車長，負責照料一切，至爲辛苦，應值衷誠感謝。

下午六時半，在來得福客家菜館享用客家菜晚餐，每八人一桌，當夜宿花蓮市統帥大飯店六樓，筆者有幸與李總領隊同房。詎知睡至深夜一時四十七分，突然天搖地動，且上下震動，爲時又久，爲生平第一次遭遇到如此可怕劇烈的大地震，花蓮全市即告停電，幸旅館瞬即自行發電，免於摸黑。又旅館建築堪稱牢固，牆壁無絲毫裂痕，大家幸均安好，不過多少受了點驚嚇。

此次大地震，花東地區受災損害尚幸不太嚴重，因此我們得按原列行程旅遊，廿一日上午曾遊石雕公園、鯉魚潭、林田山、光復糖廠等處。至瑞穗午餐後，繼續遊玩各風景區，至秀姑巒溪泛舟入口處，回憶起二十多年前，內子曾隨中正紀念堂土風舞隊旅遊花蓮時，曾在秀姑巒溪泛過舟，曾船翻落水，幸各人均穿救生衣，得以無礙，還直說很好玩，今景物依舊，而人事全非，不勝感慨，先室棄世，瞬逾百日，淚爲之潸潸下，無限悲痛。又在該處附近「花東縱谷國家風景區管理處」曾觀賞「花東縱谷風采」影片三十分鐘，後又至鹿野高台卑南文化公園欣賞古蹟，夜宿知本溫泉區統信大飯店，有露天溫泉可泡，晚飯後負責此次花東旅遊的旅行社，還特別安排滾沸溫泉煮蛋節目，每人獲得一隻蛋，煮熟後醮鹽巴吃，大家覺得十分有趣。

九月廿二日爲此旅最後一天，曾至成功附近瀕臨太平洋海邊欣賞小野柳風光，雖乏台灣東北岸野柳女王頭岩等景觀，但也有奇突的豆腐岩等礁石，後又遊覽三仙台、八仙洞、長虹橋、石梯坪等景點，並至台東看聞名的「水往上流」奇景，古諺云：「人往高處爬，水往低處流」，因此「水往上流」是違逆大自然規律的。下午五時回至花蓮，晚餐後，仍乘晚上七時的自強號火車安返台北，結束震災中花東三日之遊，離花蓮前，大家還莫不採購花蓮著名特產薯芋與麻糬等以贈送親友。再者，此次旅遊，萬幸未安排去中部，否則後果眞不堪設想，應感謝上蒼保佑我們這些老人，阿們！

原載八十八年十二月郵政退休人員協進會「會訊」第八十九期

地球屋脊
——埃弗勒斯峰

世界最高峰埃弗勒斯峰(Everest Mount，以下簡稱埃峰），又稱爲聖母峰，號稱地球屋脊，西藏人尊之爲「世界女神之母」（Chomolungma-Goddess Mother of the World），而尼泊爾人則奉之爲「上天的頭，Sagarmatha-Sky head」。峰高八八四八公尺，即二九、〇二八呎，比東北亞第一高峰臺灣玉山三、九五二公尺高出甚多。埃峰爲喜馬拉雅山的主峰，位於尼泊爾與中國西藏之間，北緯二十八度，東經八十七度，而喜馬拉雅山則爲全世界最著名的山脈，地球上最高山峰排名前十座中，有九座即在該山脈中。

埃峰名稱之由來，乃爲紀念英國埃弗勒斯・喬治爵士(Everest Sir George 1790-1866)，他於一八二三年任印度測量監督，一八三〇年成爲測量總裁，於一八四一年完成喜馬拉雅山的測量工作，決定山峰之高度，因此將喜馬拉雅山脈中的最高峰，以他爲名，用資紀念。

世界登山探險者，莫不以能攀登及征服地球上最高的埃峰爲畢生最大的榮譽。自探險家發現及到達地球的南極與北極後，埃峰即被認爲是人類對自然界探險的最後堡壘與據點，稱之爲地球的第三極。

西藏關閉旅遊喜馬拉雅山很久，直到一九二一年，當時的達賴喇嘛(Dalai Lama)始允許一隊英國探險隊從北至南探險埃峰，該隊由英國皇家地理協會(Royal Geographical Society)與阿爾卑斯山俱樂部(Alpine Club)所組成，由喬治・李・馬羅萊(George H. Leigh Mallory)率領，在他第一次看到埃峰時，曾驚嘆著說：「啊！巍巍壯麗，爲無匹敵，希罕孤立，至高無上。」一條通到峰頂的路，是馬羅萊他們於該年第一次探險出來的，該隊曾成功地到達北峽(North Col)二三、九〇〇呎(六、九八〇公尺）處。到一九二二年，他們在無氧氣裝備情況下攀登到二七、〇〇〇呎處，但有七位挑伕不幸在中途雪崩中遇難。至一九二四年，該隊到達二八、一二〇呎（八、五七三公尺）的地方，可惜馬羅萊及隊員安德魯・歐文(Andrew Iruine)也均告失蹤，該隊攀登埃峰最後並沒有成功。

嗣後各國探險登山隊仍前仆後繼，一九三〇年有一隊探險隊繼續從西藏這邊進行，也未成功。一九三三年，人類第一次以飛機飛越埃峰。一九五〇年，西藏爲中共所佔領，其邊境即告封閉。該年尼泊爾曾允許一隊美國探險隊從山的南邊去接近埃峰，該隊偵察後指出，南峽（South Col）二五、八五〇呎（七、八八〇公尺）處，可經由古布冰河(Khumbu Glacier)的路徑抵達。最後，於一九五三年五月二十九日，人類終於征服了地球最高峰埃峰，一位紐西蘭人艾德蒙・希賴萊(Sir Edmund Hillary)爵士及一位當地的雪爾巴(Sherpu)人田秦・諾格(Tenzing Norgay)於該日從二七、九〇〇呎（八、五〇〇公尺）處所搭篷帳裏帶著氧氣出來，繼續往上攀登，終於成功地到達埃峰峰頂，傲視世界。

十年後於一九六三年，一隊美國探險隊，由諾爾曼・戴蘭佛（Norman Dyhrenfurh）率領，隊員中包括美國國家地理雜誌(National Geographic)的研究探險委員會副會長巴利・俾夏普(Bauy Bishop)等，循著希賴萊同一條路徑，從西方山脊登上埃峰峰頂，然後從東南方山脊下來。一九六五年，一隊由九人組成印度探險隊分成四組，也均到達峰頂，一九七五年一隊英國探險隊，沿一條面向西南方的山路慢慢地推進，也成功地到了山頂。同年五月十六日，一位日本女人田邊井純子（Junko Tamabei）由尼泊爾人安・濟林（Ang Tsering）作嚮導陪同攀登峰頂，是世界上第一位女性登上埃峰的人。一九八〇年，著名的登山家雷恩霍爾特・梅斯納(Reinhold Messner)未用氧氣及無線電設備而單獨地登上埃峰峰頂，更屬難能可貴。自從愛德蒙・希賴萊爵士及田秦・諾格等兩人於一九五三年首次攀登埃峰峰頂，迄今三十多年以來，約有二百位男女探險登山家到達該峰峰巔，而有六十多位的探險家不幸於中途遭難，未能成功。目前已有成千上萬的觀光遊客，菌集在埃峰附近的山區，大大改變了喜馬拉雅山當地人的生活。

曾隨美國登山隊攀登埃峰的美國國家地理雜誌研究探險委員會副會長的巴利・俾夏普，曾於該刊一九八八年十一月份一期內撰登「偉大壯觀的喜馬拉雅山 The Mighty Himulagu」一文，對該山區的情況作了生動的描寫，特予摘要譯述如下。

他於文中說，這是一九八四年聖誕日傍晚，我的臉透過李耳噴射機的窗戶，像一幀嵌在鏡框裏的照相。我們順著時鐘方向繞行到地球的第三極——埃峰峰頂，我們的飛機與峰頂相隔兩哩，但清澈的空氣，看來我好像可以下達並觸摸到尖銳的峰脊。我在噴射機舒適的起居室裏，感到這座地球上最高的山峰，在西藏與尼泊爾之間，看來是如此的血性可親。我很了解，在窗戶外面，是能使人癱瘓的攝氏冰點以下九十七度的氣溫，每小時一五〇哩風速的西風，刮吹著斜坡，對攀登埃峰及其姊妹峰的登山者而言，這是一個冷酷的季節。

我的思想向兩個軌跡進行，一是完全爲下面美麗的景象所吸引，其二由於時間的消逝，當我第一次到達埃峰峰頂，在海拔以上二九、〇二八呎之處時，是在二十多年以前，身爲第一隊美國埃峰探險隊的一員，我們在那一季節裏，覺得很幸運，埃峰是不尋常的平靜，總之，氣候是唯一使人愁苦的，而不是不可能克服的。

聽到機長貝爾特・赫林（Bernt Herrlin）的聲音「我們將要停止前進了，因已接近落日下山的時候。」透過震動的耳機傳來攝影師比爾・湯普森（Bill Thompson）的懇求聲：「請再飛行一圈，因光線十分奇妙美麗。」我們在貝爾特機長轉向西南方向飛到尼泊爾首都加德滿都機場以前，最後看到玫瑰紅色美麗的景象。

喜馬拉雅山的神，在那一天以及前一週，對我們尚稱不錯，給我們有充足清明的氣候，來完成對埃峰高度的空中攝影。比爾・湯普森是對的，那天埃峰及喜馬拉雅山的光線奇妙無比，它們的美景沒有一點損傷五彩壯麗的景色，使人迷惑目眩，但可惜的，我們曾被導入歧途。

時至今日，埃峰及喜馬拉雅山陷入麻煩與困境之中。由於景色壯麗，當我在多年前，於埃峰山區緩慢艱辛地旅行時，每年大約只有幾打的外國人涉足其間，但今天每年約有四分之一百萬人的外國旅行者、登山者及觀光客湧到尼泊爾，尼泊爾當局則希望在下一個十年，觀光客可增四倍即能到達一百萬人。

埃峰國家公園成立於一九七六年，以保護此一地區的自然資源。其面積可能由目前的四八〇平方哩擴展到一、五〇〇平方哩，亦即增加約三倍，可能會吸引更多的觀光客。在山的另一邊，西藏的中國政府正在考慮，擴充兩個現在的保護區，成爲一新的觀光區，面積有四、〇〇〇平方哩那樣大，可位於世界最大國家公園之列。然而，觀光客的壓力，在兩國都在增加，我的朋友海曼塔・密西拉(Hemanta Mishra)是一位傑出的尼泊爾生態學家，也是由尼泊爾王子吉耶曼德拉(Prince Cyamendra)所主持爲保護自然環境的馬韓德拉國王信託基金會(King Mahendra Trust)之一員，他說：「我們有一句新的諺語，即尼泊爾現在有三種宗教，就是印度教、佛教及觀光事業。」上述三種之中，最後一項對尼泊爾逐漸上升的少數人口的收入，是絕對需要的。該國人口現已超過一千八百萬人，每人每年的國民收入僅一百六十美元，是全世界最低收入之一。我的另一位尼泊爾朋友說：「環境倫理是難於賣給人民的，他們所最關心的是下一餐的生活問題。」

尼泊爾的領導階層所努力的，就是爲增加國民收入。政府已將全國百分之七以上地區，放入比十二個更多的國家公園與保護區內。最新近的一個，是一、〇〇〇平方哩安那普納(Annapurna)保護區，由保護自然環境的馬韓德拉國王信託基金會來管理，並由當地居民來共同參與，從觀光客收取而來的大部分使用費收入，都直接歸入到村民手中。

對喜馬拉雅山的環境，最大的威脅之一，是爲了燃料而不斷地砍伐森林。傳統上，尼泊爾的山地人，包括古布的雪爾巴人，將木材用作取暖及烹調。

原載七十八年一月「郵人天地」第二二七期

熊貓外交

熊貓爲世界上極爲珍罕的動物，由於其外形奇特可愛，獲得舉世各國一致的爭寵。熊貓的唯一出產地，厥爲中國大陸，在四川一帶的深山中，因此，中共近年來乃繼乒乓外交後推行所謂熊貓外交，以其珍稀可愛的熊貓，向各國著名動物園頻送秋波，以爭取好感，同時還藉以增加其國庫收入。美國華盛頓、日本東京、英國倫敦等聞名的動物園，莫不豢養著中共所送的熊貓，每日趨前觀賞者，至爲踴躍，戶限爲穿，當然增加了動物園不少門票的收入。

可是，熊貓這可愛動物的存世數量，已日漸稀少。爲維持其繁衍不斷，以免絕種，中共已將被迫不得不停止玩這一熊貓牌。據美國時代週刊(Time)於本年五月二十三日一期的報導，世界野生動物基金會(The Wildlife Fund)與美國動物園及水族館協會（American Association of Zoolegical Park and Aquariums)於五月中旬曾向華盛頓聯邦法院提出請願，希望能阻止船運兩隻熊貓從上海運到托利多動物園(Toledo Zoo)。專家們堅決認爲熊貓的存世數量已低於一千隻，而在各國動物園內飼養的一百隻熊貓，其繁殖率低於其在野生的生活環境。

中共因國家貧窮，財務艱困，以熊貓作親善大使的外交，顯然比乒乓外交更有利可圖，中共出租給動物園一隻熊貓，每六個月可增加收入美金五十萬元，一年即達一百萬元，如果出租熊貓一百隻，一年收入就有美金一億元之鉅。而在動物園方面，由於展出熊貓後，知名度提高，觀衆自必激增，出售門票及有關熊貓紀念品等收入，仍屬有利可圖。美國動物園及水族館協會執行長勞勃特・華格納(Robert Wagner)曾說：我們如不再對中共的熊貓外交加以阻止，則將使該項珍稀動物於未來五年內陷入滅種的境地。

原載七十七年八月「鄞人天地」第二二二期

天下無奇不有

——談林肯總統與甘迺迪總統的巧合

此次因公赴中南美辦理中華民國巡迴郵票展覽，途經美國，在邁阿密蠟像館櫃台上發現一種長方形草綠色的信封，上印Lincoln-Kennedy Coincidence?（林肯、甘迺迪的巧合？）字樣，售價美金四角八分，爲好奇心所驅使，買了一份來閱讀欣賞，內裝一頁半黃色的紙張，載明美國歷史上兩位遇刺殉職總統林肯與甘迺迪許多巧合的地方，總計有十七點之多，豈是天意如此，或出之於上蒼的安排，是歟非耶？茲譯述於下，以供作酒後茶餘笑譚之資。

一、林肯總統與甘迺迪總統均關心人權。

二、林肯當選總統於一八六〇年，甘迺迪當選總統則於一九六〇年（相差一百年）。

三、兩位均於星期五在他們的妻子面前被刺。

四、兩位均從腦後被射殺。

五、他們的繼任人，均名叫詹森(Johnson)，都是南方民主黨人，也均曾在參議院任參議員。

六、安德魯・詹森(ANDREW Johnson)出生於一八〇八年，李敦・詹森(Lyndon Johnson)出生於一九〇八年（相差一百年）。

七、行刺林肯總統刺客約翰・華爾克・波斯(John Wilkes Booth)出生於一八三九年，行刺甘迺迪總統刺客李・哈爾韋・奧斯華(Lee Harvey Oswald)出生於一九三九年（相差一百年）。

八、波斯及奧斯華都是南方人，均有不尋常的思想。

九、兩位總統夫人都曾在白宮喪失子女。

十、林肯總統的女秘書名叫甘迺迪，曾勸告林肯總統不要去戲院。

十一、甘迺迪總統的女秘書名叫林肯，曾勸告甘迺迪總統不要去道拉斯(Dallas)。

十二、約翰・華爾克・波斯在戲院內行刺林肯總統後，逃入一間倉庫內。

十三、李・哈爾韋・奧斯華在倉庫內行刺甘迺迪總統後，逃入一間戲院內。

十四、林肯及甘迺迪兩個名字的字母均爲七個字。

十五、安德魯・詹森及李敦・詹森兩個名字的字母均爲十三個字。

十六、兩位刺客都於審判前被殺。

十七、反對兩位詹森競選連任總統的人，其姓名均從（G）字開頭。

原載民國六十九年十月「郵人天地」第一二八期

世界豪華客輪鐵達尼號撞冰山沉沒始末

本世紀初期，世界最豪華客輪鐵達尼號（Titanic）自於一九一二年四月十四日在北大西洋撞上冰山沉沒海底，造成一千五百多位旅客及船員死亡慘劇，迄今已七十五年。多年來世人對該輪之如何沉沒，沉沒在何處，傳說紛紜，有人猜測當有不少金銀財寶隨船深藏海底，因此引起野心冒險家之覬覦與探險，組織探險隊前往出事地點探測打撈。

美國國家地理月刊（National Geographic）一九八五年十二月份，一九八六年十二月份及一九八七年十月份各期分別刊登下面三篇有關鐵達尼輪的文章，該三篇文章的著者，係為隨法國探險隊於一九八五年夏天前往該輪出事地點探險的美國海洋學家勞勃特・巴賴德(Robert D. Ballard)：

一、我們如何發現鐵達尼輪(How We Found Tatanic)。

二、對鐵達尼輪深長的觀察(A Long Last Look at Titanic)。

三、鐵達尼輪的結局(Epilogue for Titanic)。

美國時代週刊(Time)於一九八七年十一月二日出版的一期內，亦刊出密契爾・戴蒙尼克(Michael

D Temonick)所寫的一篇「從海底尋回的寶藏」(Treasures Reclaimed from the Deep)，報導從鐵達尼輪上發現的若干物件。

上述各文之內容，間有重複者，茲爲供讀者對本世紀最大海難鐵達尼輪沉海慘劇之發生始末及結局情況等有所了解，特將上述各文予以綜合歸納，去蕪存菁，改寫如下。

鐵達尼輪於造成當時，不但是世界最大的輪船，且被號稱爲不沉的豪華客輪。船身長度爲八八二呎九吋，約等於矗立紐約港口的自由女神像六個那樣長，排水量爲六萬六千噸，船上有四個巨大的汽鍋與煙囪，客艙分頭、二、三等，頭等艙在船之上部與中部，設備十分豪華舒適，頭等艙套房票價爲美金四、三五〇元，幾等於今日的幣值美金五萬元。該輪被設計有十六間不透水的艙間間隔，因此誇稱不沒。又因帶運英國皇家郵件，所以亦被稱爲鐵達尼皇家郵輪(Royal Mail Steamer Titanic)，它的起首字母被榮譽冠上「R. M. S.」。輪上裝有救生艇二十艘，可乘坐一、一七八人。

鐵達尼輪於一九一二年四月十日由英國南安普敦港(Southampton)啓航，作第一次的處女航行，船上共有乘客及船員二、二二七人，目的地是美國紐約，途中經過法國的色堡港(Cherbourg)及冰島的昆士鎭(Queenstown)，進入北大西洋，逕向紐約行駛。誰知於四月十四日晚上十一時四十分在紐芬蘭島以南約四百哩處，不幸撞上冰山，於十五日凌晨二時二十分沉沒在北大西洋一萬三千呎深的海底，船上乘客及船員除七〇五人及時登上救生艇獲救生還外，其餘一千五百二十二人隨船沉沒而遭難，其中包括船長愛德華．史密斯(Edward J. Smith)在內，他有海上航行四十三年的豐富經驗，他原計畫於鐵達尼輪這趟航行後退休，與船長一道遇難的尙有事務長海爾培德．麥克勞埃(Herbert Mcelroy)。

鐵達尼輪的悲劇發生後，其實際沉沒地點，究竟如何沉沒以及是否整條輪船沉沒，世人觀點及說法多不一致，且頗多爭執。後來由美國伍德．霍爾海洋學研究所及法國海洋研究及發展研究所聯合組成探險隊，於一九八五年夏天前往出事地點作實地探測與研究，組織成員有美國及法國的科學家及技術專家，於次年徹底探測到該輪的全貌，該隊成員之一美國海洋學家勞勃特．巴賴德撰寫上述三文於美國地理月刊上發表，才獲得眞相。

勞氏文中說，多年來世界上有不少探險隊去搜尋鐵達尼輪的下落，都沒有成功，問題的因素有：北大西洋不能預測而多變的天氣，該輪沉沒的地點相當廣深，以及它最後沉沒的時刻，有各種矛盾牴觸與爭執的說法。該探險隊爲了探尋鐵達尼輪的影蹤，曾於一九八五年夏天整整花了二個月的時間。該隊的主要人物除上述各文的作者勞勃特．巴賴德外，尙有他的同事法國科學家傑恩．路易斯．密契爾(Jean-Louis Michel)及美國海軍中尉喬治雷(George Rey)，他負責研究鐵達尼輪內部之裝置設備等。

他們於北大西洋紐芬蘭島東南三五〇浬一二、五〇〇呎深的海底，發現鐵達尼輪已被折斷成船首及船尾兩部分。巨大的船首像鬼怪般躺在那裏，自該輪沉沒七十多年來，沒有任何人搜尋到這條船，它被海水保藏得相當良好，這條船由麻栗樹製成的甲板上，可以看到有一層薄薄的爲海中細小動植物所結集形成雪樣的外表，船首的外殼已生銹，看來好像有條紋似的。該隊用潛水艇聯繫著機器人所裝有游泳眼球潛水燈的水銀燈，以電視傳送影像的錄音攝影機，裝在船首右舷重而大的船錨上，另外在撬車上有三具靜止的錄音攝影機，一夜又一夜的來回往復旋轉著鏡頭，作徹底探測到它的全貌，連續不斷的拍攝照片。該隊共攝取到七萬多張該輪在海底靜止的照片，其中包括船首及船尾。藝術家們研究該項攝得的照片，畫出補充的圖片，然後將一〇八張照片，經過不少個月極為小心的拼湊在一起，成為一張細工鑲嵌駭人驚異的鐵達尼輪全貌的照片，這些具有歷史性的圖片，是美國與法國科學家及技術專家們幾個月心血的結晶。這條原號稱為不沉的豪華巨輪，究竟是如何沉沒的，歷來也有很多爭論，很多專家們以往還認為該輪是整條船沉入海底的，該項意見今被該探險隊於一九八五年及一九八六年的實地探測所排除，他們發現船首與船尾沉沒地點相隔超過六百碼。基於上述實際探測結果及重新詳細研究生還者的紀事報告，所得結論，該輪不是整條船沉沒的。

至於該輪沉沒的情形及時間如何呢，根據一位生還者說，他在瞭望臺上第一個看到冰山在鐵達尼輪前方四分之一哩處，他本能的將瞭望臺上的鈴響了三次，警告船橋上的人說：「前面有冰山」。輪船上負責駕駛的船員試欲逆轉引擎，困難地轉到船的右舷，事實上它反慢慢地轉到左舷，但時間上已來不及，右舷的一邊，受到致命的撞擊，船撞入前面的冰山，海水迅即淹沒十六間不透水艙間中二間或三間，船尚浮在海面，後來淹到六間，當時愛德華・史密斯船長並不在船橋上。法國探險隊領隊傑恩・路易斯・密契爾和上開各文的作者勞勃特・巴賴德曾去追蹤訪問在鐵達尼輪沉沒前，沉沒時及沉沒後在附近的四艘船隻的有關人員，由於起初時他們對當時相距鐵達尼輪最近的加利福尼亞輪(Californian)所報導的位置，不全置信，如果加利福尼亞輪上的無線電不損壞，則可能救起更多的人。該項出事的地點，恆常引起爭論。該探險隊相信鐵達尼輪最後露在海面上的時間爲一九一二年四月十四日晚上十一時，航行西向，爲一堆冰山所阻礙，冰山有幾英里的廣寬，直伸展到紐芬蘭島海岸外的北面及南面約四百哩，加利福尼亞輪在北面亦爲冰山所阻。四月十四日晚上十一時四十分，鐵達尼輪的速度，領航員誤以爲是二十一浬以上，該時該輪撞上冰山，以無線電發出求救的信號，其所報導估計的位置與加利福尼亞輪的報導位置前後不一致，並指出有一東南向急流，使它緩慢而越出它的路線。當時在另一方向，加利福尼亞輪及鐵達尼輪都曾看到另一條船的燈光，但是依據該兩輪報導的位置，他們之間的距離相當大，一定有另一船在他們之間，那條神秘的船，曾引起歷史家們的好奇。後來加利福尼亞輪曾看到地平線上白色的火箭，但不能認定是求救信號。

四月十五日晨二時二十分，鐵達尼輪下沉，只有七〇五人及時搶登到救生艇上，在東南方五十八哩處的卡巴帝亞輪(Carpathia)收到第一次求救信號，它即向西北方航行到鐵達尼輪求救報導的位置，可惜並不是正確的位置。

四月十五日晨四時十分，卡巴帝亞輪遇到漂流的救生艇，就開始去營救。後來加利福尼亞輪最後收到鐵達尼輪的無線電，乃與蒙特・丹波爾船（Mount Temple）及其他船隻駛到該輪報告的位置去援救，傑恩・路易斯・密契爾及勞特・巴賴德的結論，認爲鐵達尼輪一定沉沒在卡巴帝亞輪遇到救生艇北面的地方。

鐵達尼輪雖然備有救生艇二十條，但在緊急遇難時，及時放入水中的不到一半，而且大多數救生艇僅乘用了一部分，沒有乘足額，又爲了安全關係，差不多瞬即將它們推離即將下沉的鐵達尼輪，該項行動，使船上大多數生還者註定了悲慘的命運，當時海上氣溫爲華氏二十八度，沒有人能夠在此寒冷的海上支持一小時以上，而最靠近的援救船隻仍在二小時航程以外。

很不幸的，當危難襲來時，貧富有時也會造成生死異路，頭等艙旅客通常在船的中部，接近救生艇，而三等艙則在船尾或遠在船底，有時候船上職員還會阻止三等艙旅客爬登船之上部，直到救生艇坐滿了人或放入到水中爲止。

鐵達尼輪上有一位著名乘客，是美國百萬富翁約翰・傑可比・亞史托(John Jacob Astor)，但那時的財富已證明爲無用，他與夫人欲上一救生艇，卻被拒絕已沒有位置，他們站在船右舷的船橋上，據一位攀登上鐵達尼輪姐妹船的奧林匹克船（Olympic）的生還者說，當煙囪被洪水撞崩越過船橋時，沒有人能夠生存在如此洪流裏，事實上該亞史托的屍體，在鐵達尼輪沉沒一週後被發現，飄流在海上被打撈起，屍體已被撕裂得相當恐怖。

另一位生還者哈德(Hart)小姐，在沉船當時只有七歲，她失去她的父親，她與她的母親乘上一艘救生艇而獲救，她回憶起她母親對此次災難有預兆，她曾說，號稱一條不沉的船，是對上帝公開反抗，她還說我看到那條船沉沒了，也看到所有沉沒的恐怖與慘狀，聽到淹死人的恐怖喊叫聲。

鐵達尼輪撞上冰山後，船於中間第二、三個煙囪之間被撞裂爲二段，船首首先下沉，船尾仍浮在水面，但旋即垂直的直立起來，旋轉地衝入海底，由於衝力太大，船尾被埋入泥中四十五呎至五十呎，船身的鋼板彎扭，幾乎被撞碎。當船首下沉，船尾還浮在海面，未及逃到救生艇的旅客也沒有時間移動到船尾，及船尾下沉，船上的人多掉落到海裏，據生還者約翰・泰葉（John Thayer）說，他們的持續哭叫哀號聲，像賓夕瓦尼亞森林裏仲夏夜的蝗蟲叫聲，在最後滅絕死亡以前，足持續了二十分鐘或三十分鐘之久。

密契爾・李蒙尼克在時代週刊上所登的一篇「從海底尋回的寶藏」文裏報導，洛杉磯西門製片公司一位執行製片家道格・萊威林（Doug Llewelyn）所描述直接看到沉沒的鐵達尼輪實際景像是：「所有環繞我們的是這些大量扭曲的船之殘骸與散布四處成噸的煤炭，還有女士們的鞋子，這是難以置信的，浮現腦際而不易忘懷的。」另一位法國探險隊的隊員楊・凱藍佛萊樞（Yann Keranflech）從沉船殘骸裏打撈到八百件人工物件，他回憶說：「你如果找到一雙鞋子，或一隻小提箱，你就會想到遭難者，你會問你自己是否其主人尚獲救殘存著。」時代週刊刊出搜尋的鐵達尼輪本身及從該輪找回的寶物等獨家的照片，在法國潛水人員所攜回的物件之中，有：一隻銅的茶壺，一把咖啡壺，一隻皮的手提旅行箱，一個裝飾華麗的花瓶，從鐵達尼輪頭等艙樓梯間來的一具有翼天使小雕像，及一具船上的保險櫃，該保險櫃可能儲藏珠寶。為這次任務幫助取得財物的勞勃特・夏巴滋也回憶說：「我們打開一隻皮製的的手提箱，看到裝滿了珠寶，我們立即將它關起來，因為這艘殘骸不是我們私人的玩具。」伍德・霍爾、海洋學研究所的勞勃特・巴賴德於打撈一開始時，曾對法國探險隊員加以嚴厲尖銳的批評，他問他們有什麼權利來取得一件人類歷史的物件，而加以破壞。夏巴滋及其法國同事也有同樣感覺，這些物件事實上已被海水所損壞，他說他不想從鐵達尼輪裏發財。的確，這些被撈獲的物件將被計劃安排在明年夏天作一次世界性的展覽，最後結果將會借供各博物館作公開展出。勞勃特・巴賴德屬下的水手於離開鐵達尼輪時，輪上的人工製品沒有被擾亂，同時也勸請其他的人同樣做，這是對在這次悲劇中死難者一種紀念。但是他們的法國同事則不同意，今年七月間，一艘埃弗列梅（Ifremer）船駛至該處，在以後五十四天期間，探索人員、攝影人員及財務支援人員作了三十二次潛水，潛水打撈人員用兩隻遙遠操縱臂，從海底拉拽撈取物件，並放入收集的籃筐裏。其中有一隻銀盤，仍光亮得好像剛擦過一樣。其他還有水晶玻璃瓶，美麗的瓷盤及杯子等等，當將他們撈出水面時，每個人都跑來看。另外有一件不易忘懷的紀念品，是海難發生後一個星期，即於一九一二年四月二十三日，從一具遭難浮起屍體上尋到的掛錶，爲海水沾污的錶面，指示出時針停在二點鐘上，與鐵達尼輪下沉的時間相符合。其他撈獲的物件尚有船長史密斯的佩劍，銀質的湯匙，一方救生艇的名牌，頭等艙用的銅質花瓶，一串鎖匙等。

原載七十七年一月「郵人天地」第二一五期

海峽兩岸情

——龍泉老同事杭垣二度歡聚記

筆者於一九九四年十一月上旬，曾應中國通信學會郵政專業委員會之邀請，由臺飛滬參加「海峽兩岸郵政通信發展研討會」，會後承於一九四三年在浙江龍泉同榜考上乙等郵務員之吳越年長陪同之下，乘滬杭列車至杭州，又蒙杭州程德麟年長之事先熱心聯絡邀約及妥善安排，得與相隔半世紀以上之龍泉蓋竹時老同事們歡聚在湖濱平湖秋月飲茶，暢談曩昔往事，其樂融融，是次聚會之同事，除吳越、程德麟兩兄外，尚有：何迺瑞、章素春、陳逸卿、汪玲、余學錦、潘月波、李昌邦、汪瀓洲、吳治沂等。見各年長同事們身體健朗，精神矍鑠，更無限快慰，飲茶後同至附近一家大酒樓，饗我佳宴，舉杯歡飲，樂何如之，迄今銘記感念不已。

今年四月九日，為我母校浙江省立紹興中學創校百年校慶，筆者隨旅臺校友所組慶賀團，由臺赴紹慶賀校慶後至杭探親，逗留半個月，上海吳越年兄聞訊，承其專程到杭歡聚，陪我數天，情深義重，彌值珍視與感謝。其間數度約於湖濱散步，欣賞湖光山色，時當江南鶯飛草長季節，蘇堤白堤桃紅柳緣，遊人如織，美景如畫，我倆也曾雇舟遊湖，至睽違五十多年的湖心亭、三潭映月及花港公園等處遊逛，欣幸又碰到風和日麗的好天氣，湖平如鏡，水波不興，為之心曠神怡，快慰奚如。另有一日，與吳越兄於濛濛細雨中，同攀登六和塔，眺望錢江大橋，則別有情趣。有幾日清晨一早，偕同至湖濱知味觀等處早點品嚐美味。

四月十八日上午，承李昌邦年長之先期聯繫，再度與龍泉蓋竹時老同事們於西湖邊老人公園晤面，品茗暢聚。三年前在平湖秋月同飲茶之老友，除程德麟年長已不幸於去歲十二月作古外，全部到齊重聚。距上次歡敘，雖已相隔數年，兩鬢多添幾許白髮，但大家身體都甚不錯，晚景美滿，不勝快慰。中午並到井元大酒家，由筆者作一小東，回宴各老友。為感念已故程德麟年兄，特邀請其女公子小燕女士伉儷來同飲，席間先為程年兄默念致哀。大家於餐飲時，觥籌交加，相當盡興，深感友情可貴，最後舉杯互祝康泰平安，後會有期。在人生古稀暮年，已留下美好與難忘之回憶。

原載一九九七年九月上海海外聯誼會「會訊」第二十七期

前郵政總局王總局長叔朋先生致慰問函

全木吾兄：日前輾轉傳來一個壞消息，說是

嫂夫人不久前因病去世，初聞之下，不勝驚訝之情，這消息是我的高考老同年趙連璧兄來信告知的，趙兄現在美國旅行，住在芝加哥女兒家，他與潘安生兄通信，是潘兄告訴他的。我很盼望這消息不是眞的，可是這來源可靠，使我不得不信，因此冒昧寫此信安慰你，人生晚年失偶非常痛楚，弟有此經驗，一定要過些時日，才能慢慢適應，其實人活在這世界上都是在向同一方向行進，有的早到終點，有的晚到，沒有一個人特殊，把事實想開，心情會好過些。嫂夫人服務公職，教養子女，畢生爲社會、爲家庭，竭盡心力，很有成就，壽限已超過古稀，已享大年，社會上不是每個人都有她這樣完美人生的，因此，吾兄應節哀順變，注意自身健康，多參加各項活動，俾

嫂夫人在天之靈更加安慰

　弟及內人生活平靜，經常忙些教會的事情，賤體尙稱粗適，敬此順頌

健康、平安並頌

合府安康！

弟**王叔朋**　謹上

内人附候

八十八年七月廿七日

原載八十八年十二月郵政退休人員協進會「會訊」第八十九期

記罔市女士二三事

罔市女士仙逝了，噩耗傳來，爲之愕然。她一向是我們郵政羽球場上活躍矯健的女將，身體是一級棒的，雖然退休多年，高齡已逾古稀，但一向康強如她，何以突然說走就走了呢？人生無常，念之慨然！

台灣光復以後，胡兄全木和我是同舟共濟相偕來台的郵政同寅，五十多年的老友，從「郵電管理局」時代起，到郵政總局先後擔任副局長（他還兼著郵匯局長），直到彼此相繼屆齡退休，半個多世紀，是莫逆之交的「老戰友」，可謂有緣。

「有緣千里來相會」，罔市女士結識了來自西子湖邊杭州的全木兄，彼此由「牽手」而「投緣」，締結了天成的佳偶，她從「謝小姐」變成了「胡太太」，也就是在光復之後不久的佳話。喝他倆的喜酒，宛如在眼前之事，而今綠葉成蔭子滿枝，一代又一代的「新台灣人」，繞膝成行。咱們兩家的兒女，既是同一眷村（青潭郵政新村）的子弟，又曾是同窗共硯的學友——他家的佩蘭小姐與我兒犀靈是國語實驗小學的同學。現在兩家在台的「子又生孫」，不久以後可望「孫又生子」，從此「子子孫孫，繁衍永續」，我和胡兄常笑說：咱們豈不都是來台定居的「一世祖」了麼？

罔市女士是寶島姑娘，她在光復初期進入郵政界之前身，曾經受過很好的教育。日本人統治台灣時期，把日本婦女的賢妻良母優良典型，相當程度地移植到那一代受過日本教育的台灣女性身上。我們在五十年前初到寶島，看到不少本省女性具有早期日本婦女的美德，例如：謙讓有禮、刻苦耐勞、持家有方……等等，這些特色，也是罔市女士所具有的。

罔市女士在求學時期所讀的「國語」，自然是東洋話，日文的造詣不在話下，而台灣一經光復，她立即加速學習中國的國語，由於她的聰敏和努力，很快地就能說一口流利的普通話，在郵政由日本人移交給中華郵政的接收過程中，她竟已能勝任中日語翻譯的工作，貢獻良多。台郵同仁之中，諳知日文的在早期應尚不少，但隨著時光的流轉，戰後出生的孩子，受不同的教育，現今郵政同仁中能懂日文的極少了。我在研究文獻中，偶然發現有日語費解時，先前常請益於老友江清泉、陳銀蘊和王榮松諸君，自從這幾位老友先後謝世後，我就不得不煩擾罔市嫂，爲我析疑，一直到不久之前，我還曾寄一日文資料，請胡兄代央嫂夫人譯爲中文，回信很快，正深感謝，但我竟未警覺到：那譯文是罔市女士口述，而係由全木兄執筆的，這中間透露了罔市女士的病情已重，但她唯恐老友掛念，至此時仍一概秘不告知自己的病況。及今追思，我爲此益感歉疚。

胡兄來自杭州，我是姑蘇人氏，彼此常以「上有天堂下有蘇杭」互爲標榜。一日，與胡兄伉儷有同車之雅，閒談中，又有「天堂」「蘇杭」孰優勝的話題，我說「蘇杭」並列，蘇州的名望，似猶居前，否則爲啥不說「下有杭蘇」呢？胡兄正覺難以爭鋒，胡嫂（罔市女士）從旁解圍，她說：「這無非是爲了押韻而已，說蘇杭與天堂對仗，比較順口，沒有排行榜上誰先後的意義吧！」好一個冰雪聰明的才女，四兩撥千斤地，輕描淡寫，就爲夫君解了圍，我從此認識她的ＩＱ很高，也印象深刻。

在青潭郵政同仁的羽球隊，公餘常上球場，而胡兄伉儷，球技精湛，在球賽中經常封王稱后，令人艷羨。這正像是他倆在工作崗位上同樣表現傑出，夫婦相偕，都做到頂尖的郵務長資位，在郵政界是創紀錄的。姑且不說重男輕女的日據時代，女孩子在機關任職，充其量也只能屈居下曹，怎敢想望有女將出頭的日子呢？罔市女士眞生逢盛世，不但是「嫁對郎」而且「選對行」！

年邁退休之後，胡兄仍與我常打球，但罔市女士久不登場了，令人時在念中，懷想當年在青潭的日子。聽說胡兄遷居新店了，有時還在跳舞健身，有搭子也作方城之戲，老景堪娛。少年夫妻老來伴，老伴驟別，胡兄應很傷感。幾次在電話中談到老伴，他仍不禁唏噓哽咽，辛酸之情，溢於言表。人生總是有大限的，七十六歲也堪稱高壽了，勸老胡還要節哀順變，自己珍重，好好調理夕陽無限好的黃金歲月。

謹以八字爲頌贊，以代慰唁：

「才兼文武，業昭郵儲！」

原載八十八年十二月郵政退休人員協進會「會訊」第八十九期

憶謝副局長罔市（夢芷）

約在一個月前（大約是五月上旬吧？），聽說近仁兄嫂夫人夢芷女士患病，我與內子同往其住處探視，適逢其赴醫院複診，未能見到（我們原想先以電話約好，俟其在家時前去，但又恐遭近仁兄禮貌性的婉拒，故而只好直接前往），原想隔日再去，不想未幾即得近仁兄電話，泣告不幸去世的消息，多年舊識，竟因此失去最後一面的機會，眞是可惜，也是一無法彌補的憾事。

我們與嫂夫人已有兩年多未見面了，兩年前他們伉儷倆遷居新店，約我們去他家小聚，來一次「雙打」，作方城之戲，嫂夫人並親自下廚，弄了幾味「傅門」美味（她曾從傅培梅學烹飪，是其得意弟子），四人相對小酌，興味盎然，其後接著我們又移師台北我家，如此來去幾個回合，正在熱鬧的當口，他們卻忽地煞車了。此項歡樂的聚會，此後即迄未再舉行，我們不明就裡，而他們也從未說明停止的原因，眞如丈二金剛，又不便詢問，這一啞謎，直到今日我們才終於明白，原來那時起才發現嫂夫人患病了！也就是從那時起，未再見到嫂夫人！

近仁兄、嫂很早便對土風舞發生興趣，也參加了儲匯局的土風舞班，利用每日中午休息時間在九樓大禮堂練習，愚夫婦也因他們的介紹而加入，其後又改習標準舞，我們相互切磋，這眞是一段快樂的回憶，近仁兄退休時似乎九樓還辦了一個惜別舞會，情景我已記不太清楚了，但嫂夫人在北區局副局長任內退休時，北區局同仁，曾在大禮堂舉辦了一個盛大的惜別舞會，洋溢著離情，也充滿了歡樂，盡興而歸，當時的情景，至今仍在記憶中。

嫂夫人作事非常踏實而深入，就連學舞，也作詳細的筆記，累積下來，有厚厚的數本之多，她在辦公室中，是如何的處理公務，就可想而知了。郵政儲金業務，是其專長，在這方面她不僅業務熟悉，也有甚多的貢獻，筆者有幸曾與她兩度同事！我在台區任財務副局長時，她在台區儲金股，後來我調儲匯局儲金處時，又特地請她到儲金處來幫忙，有何儲金方面的問題，我總是請教她。

嫂夫人學習認眞，精神可佩，早在本省光復之初，她便學習國語，她的日語原極好，正好作日語的翻譯，郵政儲金，需用日文的地方不少，也都請教她。

五月上旬的造訪，雖未見到她，卻從她的鄰居口中，得知她病情日趨嚴重，已不良於行，而要坐輪椅了。

六月十五日公祭，我與內子步入靈堂，迎面嫂夫人的肖像，是多麼熟悉的容貌，兩旁近仁兄的輓聯：

五十年甘苦與共，疾病扶持，午夜夢迴縈往事；
半世紀依存相輔，倏爾遽逝，天崩地裂痛肝腸。

可見伉儷情深，逢此變故，難怪近仁兄傷痛欲絕了。

我最欽佩的是嫂夫人性情朗爽，對人誠摯，敬輓一聯，以誌進懷：

秉性爽朗，何期竟罹此疾；

處世誠摯，天胡不佑斯人。

原載八十八年七月「郵人天地」第三五三期

泣述先室生平事略與行誼

先室謝罔市女士，字夢芷，台北市艋舺人，生於民國十三年十二月五日，卒於八十八年五月十四日，享壽七十六歲。

先室於台灣光復前即進入郵局服務，民國卅五年五月五日，省籍員工甄別歸班及格後計算年資，至七十九年一月十六日屆齡退休，服務郵政事業長達四十三年八個月，可謂終生獻身盡瘁郵政。

先室於服務郵政期間，在工作崗位上莫不兢兢業業，殫精竭智，對上級交付任務，均能全力以赴，表現尚稱優異，曾因功績先後獲記一等功九次，三等功三次及嘉獎一次。

先室曾在台灣郵電管理局台北貯金管理所、台北郵局、郵政儲金匯業局及台灣北區郵政管理局服務，先後擔任組長、副科長、科長、副處長、副局長等職務，退休時爲台灣北區郵政管理局財務副局長，郵政最高資位郵務長。

我初識先室，係在台北市植物園內台灣郵電管理局台北貯金管理所，該所原址現已改建爲國立歷史博物館。我於民國三十五年五月到台後，即奉派與上海郵區馮軍聲先生、黃愛倫女士及浙江郵區林福珍女士等至該所接收，當時所長爲日籍左籐貫一，不諳我國語言，我等則未懂日語，是時該所百餘員工，能講國語者甚少，其中以先室爲最佳，因伊於台灣一光復，即去國語補習班勤加學習，已能以國語交談應付，因此被邀作所長之翻譯，我倆一見鍾情，即於次年共譜秦晉之好。迄今已逾半世紀。

先室在日據時期曾受日文教育，成績每冠全班，歷任班長，故於日文堪稱精通。她又好學不倦，台灣光復後，歷應省籍員工歸班甄試及郵務佐升等考試，均能輕騎過關，至民國四十六年，懷著次子青雲，在大腹便便中參加郵務員晉升高級郵務員考試，筆試成績，竟榮獲第一，頗出人意表。考試科目中之國際公法及民法等，未曾在學校念過，全憑自習，而能得到八、九十分之高分。

先室性情溫和，爲人寬厚，樂於助人，與世無爭。我倆結褵五十多年來，尚能互敬互諒，從不動粗，亦不講重話，間有意見不合，多以靜默相對，互不說話，但因每由我脾氣不好引起，故而也總由我先向她說話賠不是，獲得其寬容，就和好如初。

我倆有兩子一女，均忠厚老實，安分守己，各已婚嫁，成家立業，兩子凌雲與青雲，各有正當職業，在台灣求發展。小女佩蘭，則與婿蘇金田先生於民國六十三年同赴美深造後，即在美工作，各獲得ＣＰＡ，現居美國奧克拉荷馬州。我倆有內外孫五人，長孫女已入大學，一家堪稱和樂。先室主持家計，尚能克勤克儉，量入爲出，生活得以無虞，且稍有積蓄。對子女又能妥爲教育，善盡母職，使我無後顧之憂。而對我照料無微不至，我對她虧欠實多，應衷誠感激。又她對小女兩媳以及孫輩，無限寬厚愛護，因而獲得她們一致敬愛與孝順。

先室頗有運動細胞，曾在五十多年前榮獲郵政員工桌球女子單打冠軍，也曾馳騁羽球場十餘年，獲得郵政羽球后冠，擔任郵政女子羽球隊隊長多年，率隊參加比賽，南征北討，每有良好成績表現，其間還曾一度代表台北縣羽球隊，參加台灣省區運會。此外，先室也愛好跳土風舞，十分認眞，對老師所教新舞，都將步法詳記下來，日積月累，她的土風舞筆記本有厚厚的很多本，不少舞友向她借閱。

先室於烹飪方面，並不愛好，有時未僱女傭，只好下廚做菜，她曾是名烹飪家傅培梅的學生，所以做菜也能露一兩手。

我倆退休後曾赴美在小女家居住數年，同遊黃石公園、大峽谷、狄斯耐樂園、自由女神像、尼亞拉大瀑布等處名勝古蹟，也曾數度赴大陸探親旅遊，欣賞神州錦繡河山，並曾相偕去日本及歐洲觀光，留下美好回憶。

民國八十六年，欣逢我倆結褵五十年金婚，小女偕婿帶兩外孫女特由美國回台同慶，一家歡樂。原冀能再共度慶賀鑽石婚，不意先室因病先我而去，悲乎，使我陷入無限追思與痛悼，蒼天無極，書不達意，謹禱祝她在天之靈安息，並祈庇佑子孫昌隆，康泰平安，吉祥如意。

杖期夫　**胡全木**　泣撰

原載八十八年八月「嵊訊」第二十三期

答謝函

先室謝罔市之喪，渥蒙　連副總統戰、行政院蕭院長萬長及其他長官親友寵賜輓額、花圈、花籃、隆儀，或親臨弔唁，或函電馳慰，雲情高誼，歿榮存感，謹申衷誠謝悃。

時光易逝，先室故世，瞬逾「七七」，喪事告一段落。在此期間，終日以淚洗臉，夜不能寐，但命運如此，也無可奈何。將八秩老翁，中途折翼，今後踽踽獨行，情何以堪，悲不自勝。

先室之病，多荷探問關懷，謹將發病治療始末，簡略泣陳，尚祈　垂察。

民國八十五年（公元一九九六年）底，先室下部有異常分泌物，於次年二月廿五日，就近在某醫院作子宮頸抹片檢查，於三月四日接獲院方書面通知：「抹片上沒有發現惡性細胞，今後仍需做定期檢查。」後經該醫院婦產科醫生治療，爲時約四、五月，未見好轉，似不無耽誤。於是年九月初，經親友介紹，轉至全民健保，請台大醫院謝副院長長堯診治，切片檢查結果發現子宮內膜癌，即於九月二十日住台大醫院徹底檢查，癌細胞已不幸擴散至肺部，先室原欲將子宮全部摘除，惜爲時已晚，唯有化學治療一途，先後做十三次之多，歷時幾二年，進出醫院多次，均由余陪同在旁親自照料。先室爲恐親友同事前來探視，囑子女極端保密，即其自己胞姊妹亦不讓告知，後於逝世前兩週，病況已十分嚴重，經余及子女多方勸說，始讓其胞姊妹獲知。先室之逝，稍感安慰者，即未如一般癌症末期病患者之痛楚，醫言癌細胞或尚未侵入骨骼。又先室大去時臉部猶豐潤安祥。

杖期夫　**胡全木**率子女泣陳並叩謝